Antonia Spang (Hg.)

Die schönsten Geschichten für kleine Meerjungfrauen

Antonia Spang (Hg.)

Die schönsten Geschichten für kleine Meerjungfrauen

Mit Illustrationen von Katja Rau

Kaufmann Verlag

Bibliografische Information der Deutschen Bibliothek
Die Deutsche Bibliothek verzeichnet diese Publikation in der Deutschen Nationalbibliografie;
detaillierte bibliografische Daten sind im Internet über http://dnb.ddb.de abrufbar.

1. Auflage 2016
©2016 Verlag Ernst Kaufmann, Lahr

Druck und Bindung: DZS Grafik
ISBN 978-3-7806-6263-7

Inhalt

Isabel Abedi

Die Meerjungfrau der Bella Isabella

Tief unten am Meeresgrund lag das Piratenschiff Bella Isabella. Vor vielen Hundert Jahren war es in einem fürchterlichen Sturm gesunken. Alle Piraten waren von Bord geflohen – und jetzt gehört die Bella Isabella den Unterwasserbewohnern. In der Schiffskombüse lebten die Korallenfische. Ins Achterdeck war ein Tintenfisch gezogen. Und die Kapitänskajüte bewohnte ein kleiner Wassermann namens Mariel. Die Bella Isabella war für Mariel ein wirklich wunderbares Zuhause. Es gab Kanonenkugeln zum Wasserballspielen, es gab Schiffstaue zum Klettern, und es gab tausend Schatztruhen, in denen man sich verstecken konnte. „Nur zum Mitspielen gibt's niemanden", seufzte Mariel. Und da hatte er leider recht! Der alte Tintenfisch schlief immer nur, und die Fische blieben am liebsten unter sich. Deshalb verbrachte Mariel die meiste Zeit bei der kleinen Meerjungfrau. Das war die Galionsfigur der Bella Isabella. Sie prangte vorne am Bug des Schiffes und war kaum größer als der kleine Wassermann. Mariel nannte sie Bella und sang ihr alle Piratenlieder vor, die er kannte. Eines ging zum Beispiel so:

> „Wenn Seeräuber singen,
> dann nehmt euch bloß in Acht!
> Denn Seeräuber singen
> so laut, dass alles kracht!"

Die kleine Meerjungfrau sah Mariel aus ihren grünen Augen an und sagte nichts. Sie war ja aus Holz und konnte nicht sprechen. Trotzdem war Mariel überzeugt davon, dass sie ihm beim Singen zuhörte.
Die Fische lachten ihn aus. „Du und deine Holzpuppe", blubberten sie.
Mariel wurde dann immer sehr böse. „Sie ist keine Holzpuppe!", schimpfte er. „Sie ist lebendig, und ich werde euch das schon noch beweisen, jawohl!"
Nun lag die Bella Isabella wie gesagt schon viele Hundert Jahre am Grund des Meeres. So war es kein Wunder, dass mit der Zeit immer mal wieder etwas

kaputtging. Segel fielen vom Mast. Rumfässer brachen auseinander. Und eines Nachts löste sich die kleine Meerjungfrau vom Bug. Das geschah gerade in dem Moment, als Mariel im Bett lag und träumte. Er träumte von Schneewittchen und den sieben Zwergen. Und er träumte von dem jungen Prinzen, der Schneewittchen mit einem Kuss erlöste und zum Leben erweckte.

Als Mariel am nächsten Morgen zum Bug schwamm, bekam er einen furchtbaren Schreck. Die Meerjungfrau war nicht an ihrem Platz. Sie lag auf dem Meeresgrund, und ihre grünen Augen sahen ganz verzweifelt aus. Ohne nachzudenken, beugte sich der kleine Wassermann über sie. Und drückte ihr einen dicken, fetten Kuss auf den Mund. Erst geschah nichts.

Doch nach einer kleinen Weile fingen die grünen Augen an zu schimmern.

Es war, als hätte jemand ein Licht hinter ihnen angeknipst. Dieses Licht erfüllte den ganzen Körper der Meerjungfrau. Sie leuchtete. Dann strahlte sie. Und dann … setzte sie sich auf.

„Na endlich!", sagte sie. „Ich dachte schon, ich müsste hier als Holzpuppe verschimmeln. Ich heiße übrigens wirklich Bella. Und du, guck mich nicht so komisch an. Lass uns was spielen!"

Das ließ sich Mariel nicht zweimal sagen. Wuuusch, schoss er durch das blaue Meer, und Bella sauste hinterher.

Sie spielten Wasserball und Tauziehen. Die kleine Meerjungfrau lachte und kreischte, so laut sie nur konnte. Kein Wunder – schließlich hatte sie hundert Jahre den Mund halten müssen! Der Tintenfisch steckte sich seine acht Arme in die Ohren. Und die Fische blubberten empört: „Wer macht denn hier so einen Lärm?!"

„Meine Holzpuppe", grinste Mariel.

Da glotzten die Fische die kleine Seejungfrau aus großen Augen an – und Bella sang aus vollem Hals:

> „Wenn Holzpuppen singen,
> dann nehmt euch bloß in Acht!
> Denn Holzpuppen singen
> so laut, dass alles kracht!"

Sandra Grimm

Können Nixen wirklich nix?

Jonas, der kleine Delfin, huscht durchs Wasser. Im Zick-zack schwimmt er um die Sonnenstrahlen herum. Er ist der schnellste Delfin im ganzen Ozean.

Plötzlich muss Jonas bremsen – wie ärgerlich! Vor ihm schwimmt nämlich eine Nixe. „Darf ich mitspielen?", fragt sie.

Jonas schüttelt den Kopf. „Nein. Du bist mir im Weg. Schwimm mal zur Seite!" Mit einem kleinen Schwanzschlag macht die Nixe Platz. „Warum kann ich nicht mitspielen?", fragt sie wieder.

„Weil das mein Spiel ist", faucht Jonas, „und weil ich mit Nixen nicht spiele!"

„Vielleicht, weil du mich nicht kennst", sagt die Nixe. „Ich heiße Liva. Und du?" Der kleine Delfin wackelt ärgerlich mit seiner Rückenflosse. „Ist doch egal. Ich will jetzt spielen. Und zwar allein. Mein Papa sagt, Nixen sind gemein und lügen. Außerdem habt ihr dreckige Schuppen und stinkt!"

„So ein Quatsch", sagt Liva lachend. „Oder findest du etwa, dass es hier stinkt?" Jonas guckt verlegen zur Seite. Nein, das findet er eigentlich nicht. Trotzdem meckert er weiter: „Und ich spiel nicht mit dir, weil du sowieso viel langsamer bist als ich!"

„Wart's ab!", ruft die Nixe. „Komm, wir machen ein Wettschwimmen zum Fel-sen. Los!" Schon schwimmt Liva davon. Jonas jagt ihr nach. Die Nixe ist wirklich schnell, aber ein Delfin ist nun einmal noch viel schneller. Darum klatscht Jonas zuerst mit seiner Flosse an den Felsen. „Erster", brüllt er.

Liva lächelt. „Du hast gewonnen!"

„Jetzt machen wir noch ein Wettspringen", fordert Jonas sie heraus. Er schwimmt an die Meeresoberfläche.

„Halt", ruft Liva ihm nach. „Das geht nicht! Mich dürfen die Menschen doch nicht sehen. Das ist zu gefährlich!"

„Angstnixe, Pfefferbüxe", ruft Jonas. „Mit dir ist es langweilig! Ich geh woanders spielen!" Jonas schwimmt langsam von Liva weg. Rückwärts, um noch ein biss-

chen anzugeben. „Ich kann ja sowieso alles besser als du!", sagt er. „Du kannst gar nichts!" Plötzlich winkt Liva aufgeregt mit den Armen. Doch Jonas redet weiter: „Ist ja auch klar, dass du nix kannst, das sagt ja schon dein Name: Nixe! Wir Delfine wollen nix mit euch Nixen zu tun haben!" Jonas dreht sich um und schwimmt los – mitten in ein riesiges Fischernetz! Hilflos zappelt er neben vielen kleinen Fischen. „Hilfe", ruft er. „Hilf mir, Liva, bitte!"

Liva schwimmt schnell zum Netz. In einer Hand hält sie eine große Muschel. Mit der anderen zieht sie die Fäden des Netzes stramm. Flink schneidet sie mit der scharfen Kante der Muschel ein Loch ins Netz. Und kurz bevor es aus dem Wasser gezogen wird, kann Jonas durch das Loch ins Freie schwimmen. Hinter ihm her purzeln alle gefangenen Fische. Gerettet!

Die Fische geben Liva tausend perlende Küsse auf die Wangen. Nur Jonas schwimmt bedrückt neben ihr her. „Tut mir leid", murmelt er. „Was ich gesagt habe, war blöd. Super, was du mit deinen Händen alles kannst! Rettest du öfter Fische aus Netzen?" Liva nickt. Jonas sieht sie kleinlaut an. „Du bist wirklich nett, Liva. Heute Abend sage ich meinem Papa, was er für Unsinn erzählt hat!"

„Schon gut", meint Liva. „Können wir jetzt spielen?"

„Aber klar", ruft Jonas erleichtert. „Wir spielen Fangen, ja? Du bist!" Und schon flitzt er davon. Aber er flitzt etwas langsamer, damit Liva ihn auch fangen kann. Schließlich sind sie jetzt Freunde.

Katja Reider

Komm zurück, kleine Meerjungfrau!

Jan hält Papa seine Schaufel vor die Nase. „Baust du mit mir eine Sandburg?", fragt er.

Aber Papa hört gar nicht zu. Er redet schon wieder mit Klaus, seinem alten Schulfreund. Den hat Papa nämlich gestern hier am Strand wiedergetroffen. Nach mehr als zehn Jahren!

„Ist das nicht ein toller Zufall?!", hat Papa gestrahlt und dabei Klaus auf die Schulter geklopft.

Aber Jan findet diesen Zufall gar nicht toll! Seit Klaus aufgetaucht ist, hat Papa überhaupt keine Zeit mehr für ihn. Und Mama quasselt nur noch mit Klaus' Frau Birgit. Anstatt mit Jan zu schnorcheln, wie sie es versprochen hat.

Jan ist sauer. Sehr sauer. Er nimmt die Paddel und das kleine Schlauchboot. Dann stapft er damit ins Wasser.

„Bleib aber hier vorn im flachen Wasser, Jan!", ruft Mama ihm hinterher. „Fahr nicht zu weit raus, ja?"

Jan klappt die Ohren zu. Von wegen! Er paddelt jetzt zu der kleinen Landzunge rüber. Ganz allein! Papa und Mama sollen sich ruhig mal ein bisschen Sorgen machen!

Jan paddelt los. Puh, ist das anstrengend! Aber er kommt gut voran. Als Jan zurückschaut, ist das Ufer schon weit weg! Die Sonnenschirme am Strand sehen richtig winzig aus. Und Schwimmer sind hier draußen auch keine mehr!

Jan muss die Landzunge ansteuern. Doch – das geht nicht. Jan paddelt wie verrückt. Aber sein Gummiboot treibt immer weiter aufs Meer hinaus! Oh Schreck! Jans Hände schmerzen. Er schwitzt. Er schimpft. Aber es hilft alles nichts. Das Meer ist stärker.

Schon fühlt Jan die Tränen kommen. Da hört er plötzlich eine Stimme hinter sich! „Hey, wo willst du denn hin? Nach Afrika?"

Jan fährt herum. Und dann sieht er ein Mädchen neben seinem Boot. Ihre Haut ist weiß wie Marmor. Und ihr langes dunkles Haar tanzt auf dem Wasser.

„Die Ström-m-mung ...", stottert Jan. „Ich … Ich … k-konnte nicht z-z-zurück!"

Das Mädchen seufzt. „Es ist immer dasselbe mit euch Zweibeinern: Ihr habt keine Achtung vor der Kraft des Meeres! Dauernd bringt ihr euch in Gefahr!"

Jan blickt das Mädchen verwirrt an. Wie hat sie ihn genannt? Zweibeiner? Seltsames Wort.

„Aber du … du bist doch auch so weit rausgeschwommen!", verteidigt sich Jan.

Das Mädchen kichert. „Bei mir ist das etwas anderes. Wie heißt du überhaupt?"

„Jan", sagt Jan.

„Und du? Wie heißt du?"

„Farina."

Sie wirft ihr langes Haar zurück. Es schimmert fast grünlich. Solche Haare hat Jan noch nie gesehen! Er kann nicht aufhören, das Mädchen im Wasser anzustarren. Farina … komischer Name! Aber er passt zu ihr.

„Wo wolltest du denn hin mit deinem Ozeandampfer?", fragt Farina jetzt.

Jan zeigt auf die Landzunge. „Da rüber!", sagt er kleinlaut.

Das Mädchen lächelt. „Kein Problem, ich schleppe dich ab! Leg die Paddel ins Boot!"

Jan gehorcht verdutzt. Geschickt wickelt Farina die Bootsleine um ihre Hand. Dann schwimmt sie los und zieht Jan und sein Boot mühelos hinter sich her.

Jan staunt. Schnell kommt die Landzunge näher.

„Schwimmst du oft so weit raus?", ruft Jan Farina zu.

Sie nickt und ruft zurück: „Das Meer ist mein Zuhause!"

„Verstehe", murmelt Jan. Dabei versteht er nur Bahnhof. Ein Mädchen wie Farina hat er noch nie getroffen!

Kurz vor der Landzunge stoppt Farina plötzlich. „Schaffst du das letzte Stück allein?", fragt sie.

Jan nickt verblüfft. „Klar, kein Problem! Aber ich dachte … Na ja, wollen wir nicht noch zusammen spielen? Wir könnten doch eine Sandburg bauen!"

Langsam schüttelt Farina den Kopf. „Das würde ich sehr gern. Aber es geht nicht, Jan! Tschüss, pass gut auf dich auf!"

Schon will sie davonschwimmen, da ruft Jan ihr hinterher: „Farina, warte doch! Wollen wir uns morgen früh hier wieder treffen? Wir können auch zusammen schwimmen, wenn dir das lieber ist."

Farina zögert.

„Komm, sag ja!", bittet Jan.

Endlich nickt Farina.

Dann taucht sie in eine Welle und ist verschwunden.

Dagmar Geisler

Auch Feuergeister müssen sich waschen

Nur weil die kleine Wassernixe Plitschi so neugierig war, konnte es passieren, dass sie sich ausgerechnet mit einem Feuergeist anfreundete.

Sie wusste natürlich ganz genau, dass die Wassergeister in Vollmondnächten nie ans Ufer schwimmen. Sie durften nur zu der kleinen Insel in der Mitte des Möhrensees, wo sie bei Vollmond immer für ein paar Stunden aus dem Wasser stiegen, um ein Mondscheinbad zu nehmen oder ein paar Himbeeren zu pflücken. In einer solchen Nacht war Plitschi entwischt. Sie schwamm nicht wie alle anderen hinter Großmutter Melusine her zur Insel, sondern in die entgegengesetzte Richtung zu der alten Weide am Seeufer. Die alte Weide ließ ihre Äste tief über den See hängen. Ein prima Versteck für Plitschi! Dort konnte sie sitzen und unbemerkt das Ufer beobachten.

Als sie zwischen den Zweigen hochtauchte und das Wasser aus ihren grünen Locken schüttelte, stutzte sie. Da schaukelte schon jemand an einem der unteren Äste. Jemand mit lachenden Augen, feuerrotem Haar und Millionen von Sommersprossen.

Es war Fidibus, der jüngste der Feuergeister. Er hatte sich in der Weide versteckt, weil er sich nicht waschen wollte.

„Bei Vollmond kommen wir Feuergeister nämlich immer hierher, um zu baden. Jeden Monat, obwohl ich kein bisschen schmutzig bin", erklärte er Plitschi.

„Du siehst gar nicht gefährlich aus", wunderte sich Plitschi.

„Wieso sollte ich?", fragte Fidibus.

„Weil Opa Bogumil sagt, dass alle Feuergeister gefährlich sind. Ich glaube, deshalb dürfen wir auch bei Vollmond nicht ans Ufer."

„Aber du bist trotzdem hier, und ich bin nicht gefährlich", lachte Fidibus.

Seit dieser Nacht waren die beiden Freunde. Wann immer es möglich war, schwamm Plitschi ans Ufer und hielt Ausschau nach Fidibus, der meistens schon

in irgendeinem Versteck auf sie wartete. Sie hatten eine Menge Spaß, vor allem bei Vollmond. Nur dann konnten ja die Feuergeister für eine Weile ins Wasser und die Wassergeister an Land.

In den anderen Nächten trafen sie sich am Bootssteg, spielten „Ich sehe was, was du nicht siehst" oder erzählten sich Witze und Geschichten.

Sie wurden so dicke Freunde, dass Plitschi ihren Geburtstag auf keinen Fall ohne Fidibus feiern wollte.

„Bei allen Unken, das kommt nicht infrage!", grollte Großvater Bogumil. „Diese unverschämten, gemeingefährlichen, karottenköpfigen Feuergeister kommen nicht in meine Nähe, nicht um alles im Meer."

„Warum?", fragte Plitschi.

„Eben drum!", sagte der Großvater, und alle großen Wassergeister nickten dazu.

„Eben drum ist keine Antwort", sagte Plitschi. „Erzählt mir lieber, warum die Feuergeister so gefährlich sein sollen."

„Weil, weil … Ach, das geht eine kleine Kaulquappe wie dich überhaupt nichts an", brummte Bogumil. Die Feuergeister sind eine gefährliche Brut, und damit basta."

„Einfach so? Die haben uns doch noch nie was getan." Plitschi ließ nicht locker.

„Nie was getan? Ha! Du hast zum Beispiel noch nie von der schrecklichen Glut-Ute gehört. Die hatte einen Bade-Tick. Jeden Tag ist sie zum Baden gekommen, nicht bloß bei Vollmond. Das Wasser hat geblubbert und gezischt, wo sie gelegen hat. Wenn sie so weitergemacht hätte, wäre der ganze See verdampft, und wir säßen auf dem Trockenen. Frag Willi, den Karpfen, der hat heute noch Angst, bei lebendigem Leib zu Kochfisch zu werden."

„Aber das war doch nur Fidibus' Tante Ute!", erklärte Plitschi. „Er hat mir von ihr erzählt. Sie ist der einzige Feuergeist, der immer im Wasser sein kann. Und weil sie so verrückt aufs Baden ist, arbeitet sie im städtischen Freibad. Wenn sie da nachts blubbert, sparen sie sich die Heizung fürs Wasser. Sie ist vielleicht ein bisschen seltsam, aber doch nicht gefährlich."

„Papperlapapp!", sagte Bogumil. „Zu deinem Geburtstag kommen jedenfalls keine Feuergeister."

Plitschi war wütend. Wenn Fidibus nicht kommen durfte, wollte sie überhaupt keinen Geburtstag haben. Dann gab es auch keine Geburtstagstorte, die der

Oma immer so gut schmeckte, und keinen Gänsewein für die Mama, und lustig würde es auch nicht. Das hatten sie dann alle davon.

Voller Zorn schwamm Plitschi quer durch den See. Am besten, sie kam gar nicht mehr zurück. Sollten sie doch warten, bis ihnen die Algen aus den Ohren rauswuchsen.

„Vielleicht sollten wir doch noch mal darüber nachdenken", sagte Oma Melusine und zupfte den wütend vor sich hin blubbernden Bogumil an der Rückenflosse. Mama Lore und ihre Schwester Leila nickten.

„Denn schließlich", sagte der alte Großonkel Nöck, „waren wir damals auch nicht so ganz nett zu den Feuergeistern."

„Vor Wut über Glut-Ute haben wir ihnen ein bisschen ins Höhlenfeuer gespuckt", grinste Bogumil.

„Ein bisschen viel", schmunzelte Nöck.

„Bis das Feuer ein bisschen aus war", kicherte Bogumil.

„Und wie das gezischt hat!", prusteten sie.

„Ihr Kindsköpfe!", schimpfte Mama Lore. „Ich suche jetzt Plitschi und sage ihr, dass sie ihren Freund einladen kann. Und wir werden alle freundlich zu ihm sein."

Plitschis Geburtstag fiel zum Glück auf eine Vollmondnacht, da konnte das Fest auf der Insel stattfinden. Die Feuergeister hatten Fidibus zunächst nicht zu den, wie sie sagten, gemeingefährlichen, glitschigen, fischköpfigen Wassergeistern gehen lassen wollen. Aber ihr Jüngster ließ sich nicht umstimmen.

„Dann kommen wir aber alle mit!", hatte Funken-Marie, die Mutter, beschlossen.

„Damit der Kleine diesen dahergeschwommenen Wasserspeiern nicht schutzlos ausgeliefert ist", hatte der alte Onkel Schürhaken gebrummt.

In einem riesigen geliehenen Ruderboot waren sie über den Möhrensee geschippert. Und nun saßen sie mit immer noch zitternden Knien links von der Geburtstagstorte und nippten an der Himbeerbowle. Auf der rechten Seite saßen die Wassergeister und schielten misstrauisch herüber.

„So geht das nicht", sagte Fidibus. „Das ist ein Geburtstagsfest und kein Trauerspiel."

„Genau!", rief Plitschi. „Jetzt spielen wir erst mal alle zusammen ‚Blinde Seekuh' und danach ‚Wer hat Angst vorm nassen Mann'."

Und siehe da, so nach und nach fingen die großen Wasser- und Feuergeister an, ihren Spaß an dem Fest zu haben. Onkel Schürhaken wollte unbedingt noch Feuertopfschlagen und Eierkohlenlauf spielen. Der alte Nöck musizierte auf der singenden Säge und Tante Ute, die sich für heute extra im Schwimmbad freigenommen hatte, sang dazu die Wassermusik.

Plitschi war glücklich. Und als Fidibus sein Geburtstagsgeschenk präsentierte, ein original Feuergeister-Feuerwerk der Spitzenklasse, fiel sie dem alten Bogumil um den nassen Hals und sagte: „Bei allen Unken, lieber Opa, das machen wir jetzt jedes Jahr."

„Mindestens!", lächelte Großmutter Melusine.

Maren von Klitzing

Eine Meerjungfrau im Schwimmbad

Annouk, die Meerjungfrau, sitzt auf einem Felsen im unendlich weiten Meer und schaut aufs Wasser. Von früh bis spät hört sie dem Plätschern der Wellen zu. Das ist ein ziemlich einschläferndes Geräusch. Dauernd fallen Annouk davon die Augen zu. Außerdem ist ihr langweilig. Annouk will unbedingt etwas erleben. Sie überlegt: Was könnte sie nur tun? Mit den Fischen um die Wette tauchen? Am Meeresgrund nach hübschen Muscheln suchen? Annouk gähnt. Das alles hat sie schon tausendmal gemacht. Plötzlich hat sie eine Idee! An ihrem Felsen fahren doch immer wieder große Schiffe vorüber, und Annouk hat sich schon oft gefragt, wohin die wollen. Das will sie jetzt herausfinden. Sie muss ihnen einfach nur hinterherschwimmen.

Annouk ist ganz aufgeregt. In ihrer Unterwasserküche kocht sie ein starkes Gebräu aus Seetang und Algen. Wie das stinkt! Annouk hält sich die Nase zu und trinkt drei große Schlucke. Doch so bleibt sie wach und verpasst kein einziges Schiff. Danach setzt sie sich wieder auf ihren Felsen und hält Ausschau bis zum Horizont.

Es dauert drei Tage und drei Nächte, bis ein großes Frachtschiff in ihre Nähe kommt. Annouk springt von ihrem Felsen und schwimmt hinterher. Eine lange Reise beginnt. Das Schiff durchquert das Meer. Es fährt durch Flüsse und Kanäle, bis es seinen Heimathafen erreicht. Dort legt es an. Annouk schaut sich staunend um. Es ist das erste Mal, dass sie in einem Hafen ist. Nie zuvor hat sie so viele Schiffe auf einmal gesehen! Direkt vor ihr wird ein Kreuzfahrtschiff von mehreren Schleppern gezogen. Ruderboote und Segelschiffe fahren dicht an ihr vorbei. Und am Kai liegen riesige Containerschiffe, die von Kränen beladen werden. Was für ein Trubel! Annouk reibt sich verwundert die Augen.

„Tuut", macht da auf einmal ein Schiff, das direkt auf sie zugefahren kommt. „Hier ist Baden verboten", ruft der Kapitän und wedelt mit dem Arm. „Geh mal lieber ins Schwimmbad."

Annouk taucht schnell unter. Fast wäre sie umgefahren worden. Als sie wieder auftaucht, sieht sie das Schiff nur noch von hinten. „Was ist das, ein Schwimmbad?", ruft sie dem Kapitän hinterher. Doch der Kapitän ist schon weit weg.

Die Meerjungfrau biegt in einen kleinen Seitenkanal ein. Hier gibt es nur ein paar Enten und Schwäne. Annouk atmet auf. „Gibt es in der Nähe ein Schwimmbad?", fragt sie eine Entenmutter, die mit ihren Küken einen Ausflug macht.

„Du hast Glück", sagt die Entenmama. „Am Ende des Kanals ist ein Freibad. Es ist ganz leicht zu finden. Wenn du ein Rohr entdeckst, schwimme einfach hindurch, dann bist du da."

„Danke", sagt Annouk.

Sie schwimmt durch den Kanal, bis sie das Rohr erblickt. Dann macht sie sich ganz dünn, schlüpft hindurch und landet in einem großen Wasserbecken. Es ist voller Menschen, die darin schwimmen und planschen. Einige haben bunte Gummikappen auf dem Kopf. Das sieht sehr lustig aus. Aber einen so schönen Fischschwanz wie Annouk hat niemand. Selbst unter Wasser glitzern die Schuppen heller als das Sonnenlicht.

„Mama, im Schwimmbad ist eine Meerjungfrau", ruft Max, der mit seiner Mama am Beckenrand steht.

„Aber Max, Meerjungfrauen gibt es doch gar nicht", sagt seine Mama.

„Entschuldigung", sagt Annouk. „Ist das hier das Schwimmbad?" Blitzschnell schwimmt sie zum Beckenrand.

„Iiiiih", kreischt die Mutter. „Da ist ein riesiger Fisch im Wasser!"

„Das ist doch kein Fisch", sagt Annouk und hebt ihre schillernde Flosse aus dem Wasser. „Das ist mein Fischschwanz."

„Ich sag ja, dass sie eine Meerjungfrau ist!", sagt der Junge.

„Warte, ich hole den Bademeister", ruft seine Mutter.

Max betrachtet die Meerjungfrau. „Du schwimmst richtig schnell", sagt er.

„Selbstverständlich." Annouk lächelt. „Alle Meerjungfrauen können gut schwimmen. Wir leben schließlich im Meer."

„Kannst du mir zeigen, wie das geht?", fragt Max.

„Na klar", sagt Annouk. „Komm mal ins Wasser!"

Als Max' Mutter mit dem Bademeister angelaufen kommt, traut sie ihren Augen nicht. Max, der schrecklich wasserscheu ist, hält sich an der Flosse der Meerjungfrau fest und lässt sich vergnügt durch das Wasser ziehen. „Max hat sich sonst nie ins Wasser getraut", sagt seine Mama.

„Dann will ich die Meerjungfrau mal lieber in Ruhe lassen", brummt der Bademeister. Er hält ein Netz in der Hand, mit dem er Annouk eigentlich aus dem Wasser holen wollte. Jetzt bringt er es schnell in die Gerätekammer zurück.

Auch die anderen Kinder haben die Meerjungfrau entdeckt und wollen mit ihr schwimmen. Annouk zieht alle nacheinander durch das Becken. Nebenbei zeigt sie jedem Kind ein paar Schwimmtricks.

Als Annouk eine kurze Pause macht, tippt ihr der Bademeister auf die Schulter. „Du bist eine gute Schwimmlehrerin", sagt er. „Hättest du Lust, bei uns zu arbeiten?"

„Gern", sagt Annouk. „Aber nur in den Ferien, denn eigentlich lebe ich im Meer."

„In Ordnung", sagt der Bademeister. „Bleib einfach, solange du willst. Du kannst auch gern im Schwimmbecken wohnen."

„Super, jetzt habe ich sogar eine Ferienwohnung", sagt Annouk und lacht.

Es sind die schönsten Ferien, die Annouk jemals erlebt hat. Jeden Tag spielt sie mit den Kindern und zeigt ihnen das Schwimmen. Es ist laut, fröhlich und niemals langweilig. Und trotzdem. Nach ein paar Wochen bekommt die Meerjungfrau Sehnsucht. Sehnsucht nach ihrem ruhigen Felsen, mitten im unendlich weiten Meer. Sie spürt, dass ihre Ferien zu Ende gehen. Aber bevor sie sich auf den Heimweg macht, verspricht sie allen Kindern und auch dem Bademeister, im nächsten Jahr wiederzukommen.

Sarah Herzhoff

Die große Reise

Hui, wie schnell das geht! Die kleine Nixe Isabella ist begeistert!
Hier im Fluss muss sie nur ganz sacht die Flosse bewegen, und schon
zischt sie dahin wie ein Blitz. Sie ist auf dem Weg zu ihrer Tante Blauscha, bei der sie die Sommerferien verbringen will. Isabella reist allein, nur
ihren kleinen Hausfisch Flutsch hat sie dabei. Und natürlich einen dicken Rucksack mit Proviant. Die Strömung im Fluss ist stark. Der arme kleine Flutsch wir-
belt durch die Gegend und muss sich ganz schön anstrengen, um nicht von
Isabella weggetrieben zu werden. Ohne sie würde er nicht nach Hause finden.
„Ich schaff das nicht, Isabella!", keucht Flutsch.
Aber Isabella achtet gar nicht richtig auf ihn. Es gibt hier ja so viel Aufregendes
zu sehen!
Plötzlich entdeckt Isabella eine Reihe von Würmern, die im Wasser hängen.
„Angelhaken!", denkt sie erschrocken. Sie muss Flutsch warnen. „Flutsch! Iss bloß
keinen von den …" Sie dreht sich um. Wo ist denn Flutsch? Eben war er doch
noch da! Isabella wird es auf einmal heiß und kalt. Sie schwimmt ein Stück zu-
rück, macht wieder kehrt, sucht am linken Ufer, am rechten.
„Haben Sie Flutsch gesehen? Er ist klein und silberblau und …"
Aber die Fische schwimmen nur schnell vorbei. Niemand hört zu.
„Kann ich dir helfen?"
Überrascht dreht Isabella sich zu der freundlichen Stimme um. Sie gehört einem
Flussdelfin, der Isabella aufmunternd anlächelt.
„Ich bin Finn." Der Delfin winkt ihr mit der Flosse zu.
„Ich heiße Isabella. Hallo." Isabella will keine Zeit vertrödeln, deswegen sprudelt
sie sofort los: „Ich suche meinen Hausfisch, Flutsch. Wir sind auf dem Weg zum
Silbersee und ich habe ihn irgendwie – verloren." Als sie sich das sagen hört,
wird ihr so elend zumute, dass sie am liebsten losweinen würde. Aber Finn mun-
tert sie auf.

„Delfine sind Meister im Hausfisch-Finden!", sagt er. „Wie sieht dein Flutsch denn aus?"

„Er ist eine Sprotte und hat ein rotes Halsband um."

„Ist schon so gut wie gefunden!", ruft Finn. Dann stößt er einen merkwürdigen Laut aus. „Keck-keck-keck", schallt es durchs Wasser.

Im Nu kommen von flussaufwärts und flussabwärts Delfine angeschwommen. Finn beschreibt ihnen, wie Flutsch aussieht, und dann schwärmen sie in alle Richtungen aus. Finn bleibt bei Isabella.

„Ich hätte besser auf ihn achtgeben müssen", murmelt Isabella. „Er ist doch so

klein, und das Schwimmen war so anstrengend für ihn. Und ich habe mich überhaupt nicht um ihn gekümmert ..."

Isabella schlägt die Hände vors Gesicht und schluchzt. Finn legt ihr tröstend die Flosse auf die Schulter.

„Schau mal, sie kommen schon zurück!", ruft er plötzlich. Isabella schnieft und sieht den Ankömmlingen gespannt entgegen. Aber die Delfine schütteln den Kopf. Sie haben Flutsch nicht gefunden. Isabella ist verzweifelt.

„Das kann nicht sein", murmelt Finn vor sich hin. „Wenn er hier im Fluss wäre, dann hätten wir ihn auch gefunden."

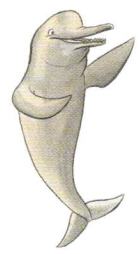

Da schluchzt Isabella von Neuem los. „Er ist bestimmt geangelt worden!", ruft sie. „Mein armer, armer Flutschi!"

„Nein", sagt Finn entschieden. „So einen winzigen Fisch schmeißen die Angler wieder zurück."

Er macht ein nachdenkliches Gesicht. Dann fragt er: „Sag mal, ist dein Flutsch ein schlauer Fisch?"

„Er ist sehr klug", sagt Isabella verdutzt und zieht die Nase hoch.

„Dann weiß ich, wo er ist." In Windeseile fischt Finn Isabella den Rucksack vom Rücken und öffnet die Schnalle – tatsächlich, im Rucksack liegt Flutsch! Er schlummert selig vor sich hin! Isabella ist glücklich und erleichtert und sauer gleichzeitig. „Flutsch!", sagt sie halb streng, halb froh.

Flutsch macht ein Auge auf und lächelt Isabella verschlafen an.

„Sind wir schon da?"

Die Delfine kichern, und jetzt muss auch Isabella lächeln. „Nein, du dumme Sprotte! Die Delfine haben dich überall gesucht."

Neugierig streckt Flutsch das Köpfchen aus dem Rucksack und beäugt den Suchtrupp. Man kann ihm ansehen, dass er ziemlich beeindruckt ist.

„Oh", blubbert er schüchtern. „Ich bin immer weggetrieben worden, und da dachte ich … da bin ich …"

„Ist schon gut", sagt Isabella sanft und gibt Flutsch einen Kuss aufs Fischmaul. „Ab jetzt trag ich dich."

Finn und die anderen Delfine begleiten Isabella und Flutsch noch bis zum Silbersee.

„Tausend Dank für alles!", sagt Isabella beim Abschied. Und sie kann es kaum erwarten, Tante Blauscha von ihrem Abenteuer mit den Delfinen zu erzählen.

Maja von Vogel

Schokoladeneis für eine Nixe

Am nächsten Morgen schwimmt Nora, die kleine Nixe, ganz früh los. Ob Leonie schon da ist? Nora hat das Menschenmädchen mit seiner Luftmatratze gestern wieder ans Land gezogen. Und das, obwohl Nixen sich Menschen eigentlich nicht zeigen dürfen. Dann haben sie sich für heute verabredet. Aber ob Leonie tatsächlich kommt? Tatsächlich! Das Menschenmädchen sitzt im Sand und wartet. Sonst ist der Strand noch leer.

„Hallo, Leonie!", ruft Nora.

Leonie springt auf und fragt verblüfft: „Wo kommst du denn her?"

Nora plätschert verlegen im Wasser. „Na ja … also … ich muss dir was sagen …" Sie zögert. Ob Leonie sie noch mag, wenn sie Noras Geheimnis kennt?

Nora gibt sich einen Ruck. „Ich bin eine Nixe!" Sie zeigt Leonie ihren Fischschwanz. Die grünen Schuppen glitzern in der Morgensonne.

Leonie reißt die Augen auf. „Wahnsinn!"

„Willst du trotzdem meine Freundin sein?", fragt Nora.

„Natürlich!", ruft Leonie. „Aber nur, wenn du mir alles über die Nixenwelt erzählst. Wo wohnst du? Und was essen Nixen?"

Nora lacht. „Ich wohne gleich hinter dem großen Algenwald auf dem Meeresgrund. Zusammen mit meinen Eltern und meinem Bruder Joris. Mein Lieblingsgericht sind Seetang-Pfannkuchen. Und was isst du am liebsten?"

„Schokoladeneis", antwortet Leonie.

Nora seufzt. „Ich würde so gern auch mal Schokoladeneis probieren."

„Warum denn nicht?", fragt Leonie. „Komm mit zu unserem Strandkorb, dann hol ich uns ein Eis."

Nora schüttelt den Kopf. „Das geht nicht. Mit meinem Fischschwanz kann ich nicht laufen. Und niemand darf wissen, dass ich eine Nixe bin. Außer dir natürlich."

Leonie überlegt. Plötzlich leuchten ihre Augen. „Ich hab eine Idee!" Sie flitzt davon. Kurze Zeit später ist sie zurück. Sie zieht einen kleinen Bollerwagen hinter sich her. „Der ist für die Hotelgäste", keucht Leonie. „Ich hab ihn kurz ausgeliehen. Los geht's!"

Sie hilft Nora beim Einsteigen. Zum Glück ist der Strand immer noch leer. Leonie zieht den Wagen durch den Sand. Noras Herz klopft wie verrückt. Ein Ausflug in die Menschenwelt – wie aufregend!

„Wir sind da." Vor einem weiß-blauen Strandkorb bleibt Leonie stehen.

Nora setzt sich in den Strandkorb und schaut sich neugierig um. Die ersten Badegäste trudeln gerade ein. Schnell legt Leonie ein großes Handtuch über Noras Fischschwanz. Jetzt fühlt sich Nora fast wie ein echtes Menschenmädchen.

„Guten Morgen!" Leonies Vater taucht neben dem Strandkorb auf. Ihre Mutter kommt mit Toni, Noras kleinem Bruder, hinterher.

Toni betrachtet Nora interessiert. „Wer bist du denn?"

„Das ist Nora", sagt Leonie. „Meine neue Freundin. Wir haben uns am Strand kennengelernt."

„Hallo, Nora!" Leonies Mutter lächelt. „Machst du auch Urlaub hier? In welchem Hotel wohnst du?"

„Äh ..." Nora überlegt blitzschnell. „Hotel Meeresgrund!"

Leonies Vater runzelt die Stirn. „Das kenne ich gar nicht."

„Ist auch ganz neu", behauptet Leonie. Sie zwinkert Nora zu, und die beiden müssen furchtbar kichern.

Als sie sich wieder beruhigt haben, fragt Leonies Vater: „Wer möchte ein Eis?"

„Ich!", ruft Toni sofort. Auch Nora und Leonie nicken eifrig.

Kurze Zeit später kommt Leonies Vater mit drei Portionen Schokoladeneis zurück. Vorsichtig nimmt Nora ihre Waffel und leckt an der Eiskugel. „Das ist ja ganz kalt!", ruft sie überrascht.

„Was hast du denn gedacht?" Leonies Mutter lacht. „Eis ist doch immer kalt."

Nora wird rot. „Ja, klar ..." Schnell leckt sie noch einmal an ihrem Eis.

„Schmeckt's dir?", fragt Leonie.

Nora strahlt. „Und wie! Fast so gut wie Seetang-Pfannkuchen."

„Seetang-Pfannkuchen?" Leonies Vater stutzt. „Was ist denn das?"

„Die neueste Spezialität im Hotel Meeresgrund", erklärt Leonie.

Nora muss lachen und verschluckt sich fast an ihrem Eis. In diesem Moment verrutscht das Handtuch auf ihrem Schoß. Ganz kurz blitzt Noras Schwanzflosse hervor. Zum Glück haben Leonies Eltern nichts bemerkt. Aber Toni hat die glitzernden Schuppen gesehen. Vor Schreck lässt er glatt sein Eis fallen.

„Ein Fisch!", brüllt er. „Da ist ein großer grüner Fisch unter dem Handtuch!"

Nora erstarrt. Fliegt ihre Tarnung jetzt auf? Was soll sie tun?

„Das schöne Eis", seufzt Leonies Mutter.

„Da ist wirklich ein Fisch!" Toni zeigt aufgeregt auf das Handtuch. Nora wird ganz flau im Magen. Auch Leonie ist blass geworden.

„Unsinn", sagt Leonies Vater. „Fische leben im Wasser und nicht unter Handtüchern. Komm, wir holen dir ein neues Eis." Er greift nach Tonis Hand und zieht ihn in Richtung Eisbude.

„Und was ist mit dem Fisch?", fragt Toni, aber niemand achtet auf ihn.

„Ich gehe baden", sagt Leonies Mutter. „Kommt ihr mit?"

Leonie schüttelt den Kopf.

Kaum ist ihre Mutter weg, stöhnt sie: „Man, das war knapp!"

Nora nickt. „Wie gut, dass deine Eltern Toni nicht geglaubt haben. Es ist besser, wenn ich jetzt verschwinde."

Nora setzt sich wieder in den Bollerwagen. Leonie zieht sie ein Stück den Strand entlang bis zu einer Stelle, wo keine Menschen sind. Dort gleitet Nora ins Meer. Das Wasser ist angenehm kühl. Froh plätschert sie mit ihrer Schwanzflosse.

„Vielen Dank für den aufregenden Ausflug." Sie lächelt Leonie zu. „Das war ein toller Tag."

„Finde ich auch", sagt Leonie. „Bis morgen?"

Nora nickt. „Bis morgen!"

Ingrid Kellner

Eine Freundin für Sissi Seesternchen

Sissi Seesternchen ist krank. Sie liegt unter dem Korallen-fächer-Baldachin in ihrem Wasserbett. Nichts macht ihr Spaß. Gerade ist der Doktorfisch gekommen und fragt besorgt: „Was fehlt dir denn?"

„Ich weiß es nicht", sagt die kleine Nixe schwach.

„Was soll ihr schon fehlen?", fragt Kribbe.

„Sie hat doch alles", meint Krabbe.

„Uns", nickt Kribbe. „Ihre beiden besten Freunde."

„Und mich", sagt Siggi Seeteufel, der kleine Plattfisch. „Ich passe auf alles auf, was Sissi Seesternchen gehört. Sie hat eine Muschelsammlung, viele Korallen und eine hübsche Grotte. Ihr kann doch gar nichts fehlen." Der Doktorfisch runzelt die Stirn. Er schaut sehr sanft und klug aus. „Ich werde ihr einen Aus-Flug verschreiben", sagt er nach einer Weile. „Das wird ihr guttun."

„Aber Sissi kann doch nicht fliegen!", ruft Kribbe.

„Sie ist eine Nixe", sagt Krabbe. „Und hat keine Flügel!", schreit Siggi. „Immer mit der Ruhe", murmelt der Doktorfisch. „Ich werde Peter Pelikan schicken." Dann schwimmt er fort, und es dauert nicht lange, da hört man lautes Flügelflattern und Landegeräusche. „Wo ist die Patientin?", fragt Peter Pelikan. „Ich komme schon", sagt Sissi Seesternchen. Kribbe und Krabbe helfen ihr beim Einsteigen. In der Schnabeltasche des Pelikans ist genügend Platz. „Gute Besserung!", ruft Siggi Seeteufel und winkt zum Abschied heftig mit der Angel. „Wohin fliegen wir?", fragt Sissi Seesternchen.

Aber sie bekommt keine Antwort, denn ein Pelikan mit einer Nixe im Schnabel kann einfach nicht reden. Zuerst wird Sissi Seesternchens Koralleninsel immer kleiner, bis sie ganz verschwindet. Unten ist nur noch das Meer, von einem Ende des Himmels bis zum anderen. Mit viel frischer Luft dazwischen. Sissi Seesternchen atmet tief durch. Dann taucht in der Ferne eine Bergspitze auf, die wie eine

Insel aus dem Wasser ragt. Darauf steuert Peter Pelikan zu. Die Insel wird immer größer und der Berg immer mächtiger. Seine grünen Hänge sind steil. In den Bäumen nisten Nebelwolken. Bald sind die beiden ganz oben. Auf der Kuppe des hohen Berges blinkt ein kleiner See wie ein blaues Auge.

„Ein Teich!", ruft Sissi Seesternchen begeistert. „Fast wie zu Hause." Peter Pelikan landet. Sissi gleitet aus seiner Schnabeltasche ins Wasser. Es ist süß und kühl. „Oh, das tut gut!", seufzt die kleine Nixe erleichtert.

„Gute Besserung!" wünscht der Pelikan. „Ich werde dich dann in drei Tagen wieder abholen."

„Ja, fein", sagt Sissi Seesternchen und schwimmt in weiten Zügen durch den Teich. „Schön, dass du da bist", sagt plötzlich eine andere kleine Nixe. „Jetzt bin ich nicht mehr so allein."

Sissi Seesternchen bleibt vor Erstaunen der Mund offen stehen. „Bist du eine Bergsee-Nixe?", fragt sie dann.

„Nein", lacht die andere Nixe. Sie hat lange schwarze Haare und eine Perlenkette um den Hals. „Ich bin im Meer zu Hause und heiße Melanie Meerschaum."

„Wie kommst du dann hierher?", fragt Sissi verwundert.

„Genau wie du", antwortet Melanie Meerschaum. „Mit Peter Pelikan."

„Bist du auch zur Erholung da?", fragt Sissi neugierig.

„Nein", seufzt Melanie. „Zur Strafe. Ich habe nämlich Neptun, den Herrscher der sieben Meere, einmal zu oft geärgert." Dann lacht sie fröhlich. Melanies Lachen ist ansteckend, Sissi muss auch lachen. „Erzähl!", kichert sie. „Also", fängt Melanie Meerschaum an, „unten in Neptuns Muschelpalast ist nie was los. Da sitzen nur die Meerfrauen rum und kämmen ihre langen Haare, und die Meermänner blasen leise in ihre Muschelhörner."

„Das muss schön klingen", meint Sissi. „Nein", sagt Melanie. „Es ist voll öde und langweilt nur. Damit es mal spannend wird, habe ich einmal alle Kämme und Bürsten versteckt", kichert Melanie. „Die Meerfrauen haben sich aufgeregt und laut gejammert. Davon ist Neptun wach geworden. Meistens schläft er, weißt du. Und er ist furchtbar dick und wird ganz schnell zornig. Die Wellen sind hochgegangen, so hat er getobt. Es hat riesige Überschwemmungen gegeben." Melanie seufzt und spielt mit ihrer Kette. „Erzähl weiter!", sagt Sissi Seesternchen.

„Damals hat mich Neptun nicht erwischt", sagt Melanie. „Aber beim nächsten Mal. Da habe ich ihm sein Zepter, den Dreizack, versteckt. Ohne seinen Dreizack fühlt sich Neptun nicht wie der Herrscher der sieben Meere", erklärt Melanie. „Da ist er voll ausgerastet und wollte mich eine Zeit lang nicht mehr sehen. Deshalb hat er mich auf diese Insel verbannt, in diesen langweiligen kleinen See. Aber der Alten vom Grunde sei Dank, jetzt bist du da."

„Ja, das bin ich", nickt Sissi Seesternchen. „Aber ich finde diesen See wundervoll. Er ist fast wie der Teich, aus dem ich komme." Und dann erzählt sie Melanie Meerschaum von ihrem Teich und der Reise durch Bach, Fluss und Strom bis zum Meer, von ihren Freunden und was sie schon alles erlebt hat. Melanie Meerschaum ist beeindruckt. „He, willst du meine Freundin sein?", fragt sie.

„Ja", nickt Sissi Seesternchen begeistert. „Ich glaube, das ist genau das, was mir gefehlt hat: eine Freundin. Jemand so wie ich und doch ein bisschen anders."

„Mir hast du auch gefehlt", seufzt Melanie Meerschaum. „Es ist ja ganz schön hier mit den Feuersalamandern, den Kröten, Fröschen, Fischen und Kaulquappen und sogar mit der Alten vom Grunde. Aber eine Freundin, die gleich alt ist und auch eine Nixe, das ist einsame Spitze."

„Wer ist die Alte vom Grunde?", will Sissi Seesternchen wissen, aber da flitzt ein Schwarm Kaulquappen mit schwarzen Schwänzchen an ihnen vorbei. „Sind die lieb!", ruft Sissi Seesternchen. „Komm, Melanie, wir wollen mit ihnen spielen!" Die Kaulquappen schießen um eine Unterwasser-Felsenecke und sind plötzlich verschwunden.

„Wo sind sie hin?", fragt Sissi verblüfft. Melanie lacht und sagt: „Sie haben sich bei der Alten vom Grunde versteckt." Jetzt erst entdeckt Sissi die Gestalt einer großen alten Frau, die sie freundlich anschaut. Sie trägt ein grünes Gewand, das mit Unterwasserblüten und -blättern bestickt ist. In den Falten wuseln die kleinen Kaulquappen. Durch das weiße fließende Haar der Alten vom Grunde schwimmen winzige Bergseefischchen mit roten Flossen.

„Willkommen, Sissi Seesternchen!", sagt die alte Frau. „Wie geht es dir?"

„Ganz gut", sagt Sissi.

„Bist du nicht müde?", fragt die Alte.

„Doch, ein bisschen", gibt Sissi zu.

„Ich auch", gähnt Melanie.

„Na, dann kommt her", lächelt die Alte vom Grunde. Sie breitet die Arme aus, und Sissi Seesternchen und Melanie Meerschaum kuscheln sich hinein. Sie bekommen noch eine Unterwasser-Gutenachtgeschichte erzählt, und dann schlafen sie selig ein. Und am anderen Tag ist Sissi Seesternchen wieder ganz gesund.

Otfried Preußler

Schwimmhäute haben sie auch nicht!

Die Tage kamen, die Tage gingen. Jeden Tag schien die Sonne ein Weilchen länger über dem Mühlenweiher, und jeden Tag wurde der kleine Wassermann ein bisschen älter.

Eines Morgens sagte der Wassermannvater zu ihm: „Komm mit, mein Junge, wir wollen ans Ufer schwimmen. Es wird Zeit, dass du deine Nase einmal hinaussteckst!"

Da schwammen sie also ans Ufer, und der kleine Wassermann steckte zum ersten Male in seinem Leben den Kopf aus dem Wasser. Gleich aber zog er ihn zurück. „Warum tust du das?", fragte der Wassermannvater. Der kleine Wassermann rieb sich die Augen. „Es blendet mich", sagte er. „Ist es dort oben immer so hell?"

„Wenn die Sonne scheint, ist es dort oben immer so hell", gab ihm der Wassermannvater zur Antwort. „Aber du wirst dich daran gewöhnen. Du musst nur die Augen zukneifen, wenn du auftauchst, dann geht es. Oder, noch besser, halte die Hände vor – so …" Und er zeigte dem kleinen Wassermann, wie er die Hände vor das Gesicht halten sollte.

Sie tauchten zum zweiten Mal auf. Vorsichtig blinzelte der kleine Wassermann durch die Schwimmhäute zwischen den Fingern hindurch.

Er kannte ja nur das warme goldgrüne Dämmerdunkel des Mühlenweihers, das volle Sonnenlicht schmerzte ihn. Aber langsam, ganz langsam gewöhnten sich seine Augen daran, und er schaute sich neugierig um. „Sieh nur, die lustigen Fischlein dort!", rief er als Erstes.

„Das sind keine Fischlein", sagte der Wassermannvater, „das sind zwei Libellen."

„Aber sie schwimmen doch!", meinte der kleine Wassermann.

„Nein", sprach der Wassermannvater, „sie fliegen. Das ist etwas anderes. Manches ist anders hier oben."

„Vor allem das Wasser ist anders", sagte der kleine Wassermann naseweis. „Merkst du nicht auch, dass es anders ist? Heller und wärmer und dünner …"

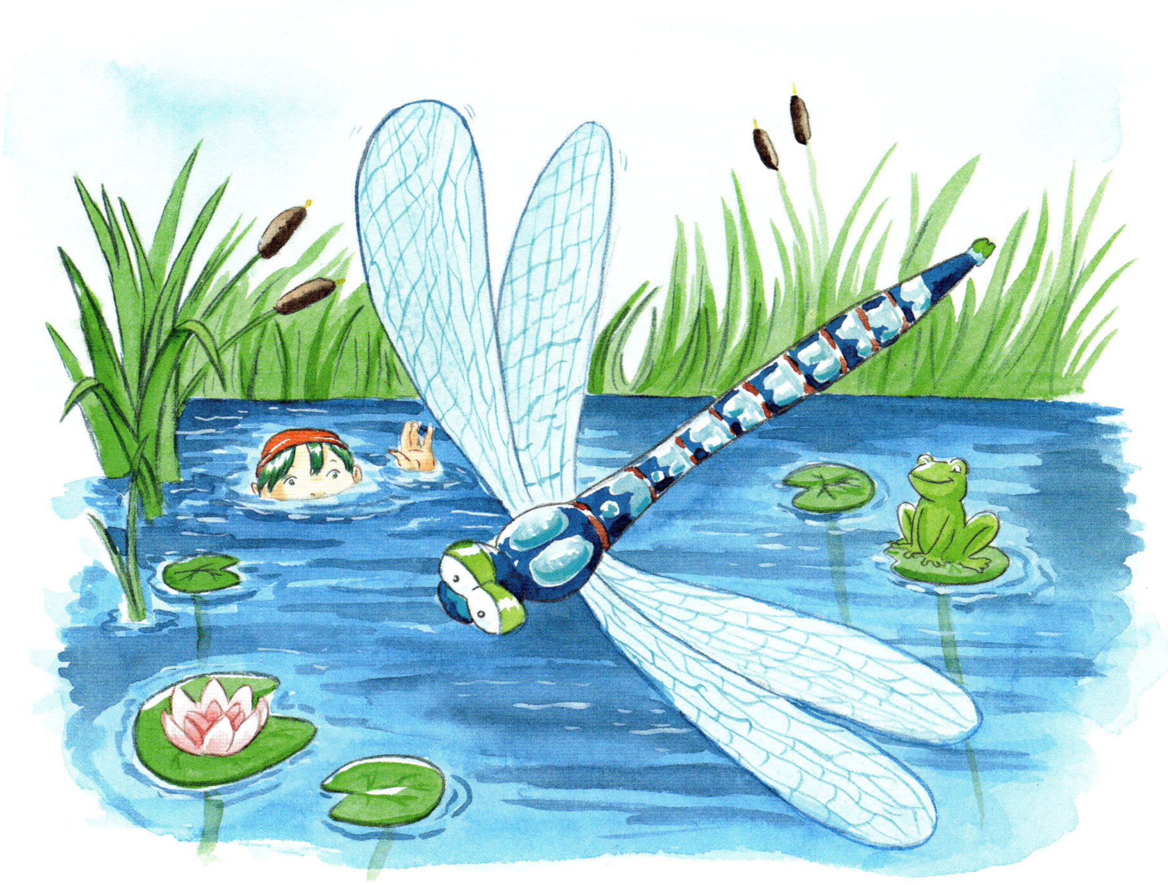

„Das ist doch kein Wasser!", entgegnete lächelnd der Vater.

„Was dann?", rief der Junge verdutzt.

„Das ist Luft", sprach der Vater.

„Luft?", wiederholte der Junge. „Was ist das?"

„Etwas, worin man nicht schwimmen kann", sagte der Wassermannvater.

Er bahnte dem kleinen Wassermann einen Weg durch das Schilf, das am Ufer stand, und der kleine Wassermann folgte ihm.

Als sie das Schilf hinter sich hatten, machte der kleine Wassermann große Augen. Da sah er zum ersten Mal eine Wiese, zum ersten Mal Blumen, zum ersten Mal

einen Baum. Und er spürte zum ersten Mal, wie es ist, wenn der Wind weht und einem das Haar zerzaust.

Alles war anders hier oben als unten bei ihnen im Teich. Alles war neu und verwunderlich, was er da sah. Er fragte den Vater danach, und der Vater erklärte ihm alles, so gut er es wusste.

Dann plötzlich streckte der kleine Wassermann seine Hand aus.

„Ein Wassermann!", rief er erfreut. „Aber was für ein großer!"

„Wo?", fragte der Wassermannvater und kniff die Augen zusammen, um besser sehen zu können.

„Dort drüben", sagte der Junge. Er zeigte auf eine Gestalt, die gerade über den Hügel kam. „Siehst du ihn?"

„Ja", sprach der Vater, „ich sehe ihn. Aber ein Wassermann ist das nicht."

„Es sind mehrere!", sagte der Junge. „Es muss eine ganze Familie sein! Sie kommen in einer Reihe den Hügel herunter. Ich werde sie rufen …"

„Nein, lass das!", wies ihn der Wassermannvater zurecht. „Es sind Menschen, sie brauchen uns nicht zu entdecken. Wir wollen ins Schilf kriechen!"

Da verkrochen sich beide im Schilf.

Die Menschen, ein Mann, eine Frau und zwei Kinder, gingen ganz nahe an ihnen vorüber und sahen weder den großen Wassermann noch den kleinen.

Aber die beiden Wassermänner sahen die Menschen dafür umso besser aus ihrem Versteck. Und der kleine Wassermann wunderte sich, weil die Menschen so groß waren und keine grünen Haare hatten.

„Schwimmhäute haben sie auch nicht", sagte der Wassermannvater mit leiser Stimme. „Manche von ihnen können zwar schwimmen, aber sie schwimmen sehr langsam, und wenn sie ins Wasser springen, dann müssen sie gleich wieder auftauchen."

„Sonderbar", meinte der kleine Wassermann nachdenklich. „Warum müssen sie das?"

„Weil es eben bloß Menschen sind", sagte der Wassermannvater. „Sie können im Wasser nicht leben."

Da taten die Menschen dem kleinen Wassermann leid, und er dachte: Wie gut ist es, dass ich ein Wassermann bin!

Klara Kamlah

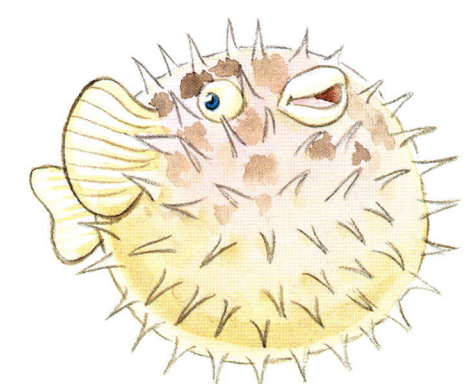

Ein Abenteuer für Nixe Nim

„Hey, du, warte doch mal!", rief Nim und schlug kräftig mit ihrer hellgrünen Schwanzflosse. Doch der schöne, silbern glitzernde Fisch schwamm einfach davon. „Och, schade!"

Eigentlich hatte Nim zum Spaß am Rande des Sees nach verborgenen Schätzen gesucht, aber dann war der große Schwarm an der Mündung zum Fluss vorbeigeschwommen. Die bunt glänzenden Schuppen der vielen kleinen Fische waren so wunderschön gewesen, dass die kleine Nixe ihnen einfach hatte folgen müssen. Als auch der letzte Fisch hinter der Düne verschwunden war und sich Nim seufzend nach einem neuen Abenteuer umsah, machte sich ein mulmiges Gefühl in ihrem Bauch breit.

„Aber … aber das ist ja gar nicht mehr der Fluss neben unserem See", stammelte sie erschrocken. Nichts kam ihr mehr bekannt vor. Ängstlich blickte Nim umher. War sie vielleicht von da drüben gekommen? Dort, wo die bunten Korallen so dicht nebeneinander wuchsen, dass es beinahe wie ein Labyrinth aussah? Oder doch von dieser Seite, an dem großen Felsen vorbei?

„Ach du heiliger Algenmatsch, ich habe mich verirrt, was soll ich jetzt nur machen?", flüsterte die kleine Nixe und zupfte unsicher an ihren Schwimmhäuten. Wäre sie doch bloß nicht so weit rausgeschwommen!

Nims Unterlippe begann zu zittern, und ihre Augen füllten sich mit Tränen. Plötzlich fühlten sich ihre Arme und Beine ganz schwer an, und das Herz schlug Nim bis zum Hals. Wie sollte sie nur je wieder nach Hause zurückfinden?

Da hörte die kleine Nixe aus der Ferne merkwürdige Geräusche. So ein Brummen und ein Summen, als wenn Hunderte von Fischen auf einmal an einem vorbeisausten. Zögerlich begann Nim, in die Richtung zu paddeln, aus der die Geräusche kamen. Vielleicht war dort ja jemand, der ihr den Weg nach Hause zeigen konnte? „Hoffentlich!", flüsterte Nim und presste ihre Daumen fest in die Handflächen.

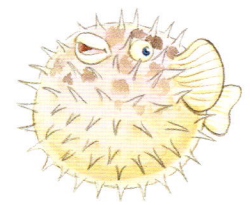

Als die kleine Nixe dem Brummen und Summen immer näher kam, konnte sie die Geräusche besser erkennen. Es waren Stimmen – viele Stimmen. Laute und leise, hohe wie das Quietschen der Tümmler und tiefe wie das Quaken der Frösche in Nims See. Und im Hintergrund war fremdartige, aber fröhlich klingende Musik zu hören, die Nim sofort ein sicheres Gefühl gab. Ihre Angst wich einem aufgeregten Kribbeln, das in ihrer Schwanzspitze begann und sich langsam bis zu ihren Ohren ausbreitete. „Oh, vielleicht erlebe ich ja noch ein richtiges Abenteuer", freute sich Nim und schwamm nun schneller und schneller. Sie beeilte sich so sehr, dass ihre kleine Flosse den Sand auf dem Boden kräftig aufwirbelte. Und als sie endlich die letzte Sanddüne hinter sich gelassen hatte, bot sich ihr ein atemberaubendes Bild.

„Wooow", staunte die kleine Nixe mit offenem Mund. Auf einem riesigen Platz tummelten sich zwischen Tischen und Ständen aus buntem Fels- und Korallengestein viele Wassertiere, die Nim noch nie zuvor gesehen hatte sowie glibberige Quallen und lustig blubbernde Fische. Ein Fisch war riesig groß, ein anderer hatte eine ganz lange spitze Nase, und einer war so flach, dass Nim zuerst dachte, ein Algenblatt würde sich in den Wellen bewegen.

Aber das war noch nicht das Außergewöhnlichste. Fremd aussehende Wesen schwebten durch das Wasser, unterhielten sich, betrachteten die angebotenen

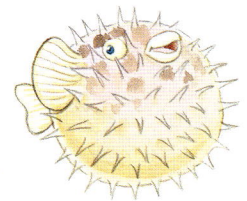

Waren oder ließen sich exotische Leckereien schmecken. Sie hatten Ähnlichkeiten mit Nixen, allerdings waren sie viel größer und hatten weder Schwimmhäute zwischen den Händen noch Schuppen irgendwo auf dem Oberkörper.

Nim war überwältigt. So etwas Tolles hatte sie noch nie gesehen! Alles war so leuchtend und bunt. So lebendig und neu! Begeistert schwamm sie durch das Getümmel und wusste gar nicht, wo sie zuerst hinsehen sollte. Vor lauter Aufregung vergaß sie völlig, dass sie sich verirrt hatte.

„Iiih, was bist du denn für ein merkwürdiges Ding?" Erschrocken zuckte Nim zusammen, als plötzlich zwei Jungen vor ihr auftauchten und sie aus ihren Gedanken rissen.

„Äh … ich …", stammelte die kleine Nixe schüchtern.

„Schau mal, die ekligen Schuppen auf ihren Armen!", sagte einer der Jungen mit angewidertem Gesichtsausdruck.

„Pfui, und ihre Haare! Wie schleimiger Seetang", lachte der andere.

Nims Hals war wie zugeschnürt und ihr Bauch fühlte sich an, als hätte sie einen riesigen Berg Kieselsteine verschluckt.

Warum waren die beiden denn bloß so gemein zu ihr? Doch bevor Nim fragen konnte, kehrten die Jungen ihr auch schon mit einem abfälligen Schnauben den Rücken zu und zischten davon.

Die Neugierde und Aufregung, die Nim eben noch gefühlt hatte, zerplatzten wie eine Seifenblase. Traurig verschränkte sie die Arme, um ihre Schuppen zu verstecken, und machte sich vor Scham ganz klein. Winzige Tränen bildeten sich langsam in ihren seegrünen Augen, und mit einem Schlag wollte Nim nur noch eins – wieder nach Hause!

„Hey du, lass dich von Malin und Flynn nicht ärgern. Die sind zu niemandem nett." Nim hob den Kopf und entdeckte vor sich ein Mädchen mit leuchtend pinkfarbenem Haar, das sie freundlich ansah.

„Ich heiße Mariella, und wie heißt du?"

„N…Nim", schniefte die kleine Nixe leise.

„Hallo, Nim." Mariella lächelte und kam näher. „Oh, deine Schuppen schimmern aber schön. Wie ein Regenbogen. Aber … hmm, eine Meerjungfrau bist du nicht, oder?", fragte sie neugierig.

Nim blinzelte überrascht. „Eine Meer…, was? Nein, ich bin eine Nixe … Ich … ich habe mich verschwommen. In diesem Teil des Sees war ich noch nie. Ich wusste gar nicht, wie groß er ist", erzählte sie.

„See? Wir sind doch in keinem See! Wir sind im Meer! – Oh, dann bist du wohl vom Fluss aus hier gelandet. So eine wie dich habe ich jedenfalls noch nie hier bei uns gesehen."

Nim ließ bei diesen Worten traurig den Kopf hängen.

„Hab keine Angst. Ich helfe dir, nach Hause zu kommen. Meine Eltern wissen, wo der See ist. Sie können dich ganz sicher zurückbringen, und dann bist du bald wie-

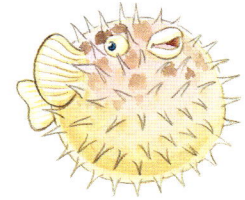

der daheim", sagte Mariella und legte Nim tröstend eine Hand auf die Schulter. Sofort wurde Nim wieder leichter ums Herz, und sie lächelte Mariella strahlend an. „Ehrlich? Vielen Dank!"

„Dann verpassen Mama und Papa zwar das spannende Such-mich-Hab-dich-Spiel, aber wahrscheinlich werde ich dieses Jahr eh nicht mitmachen und dann brauchen sie auch nicht zuzuschauen." Den letzten Teil hatte Mariella nur noch geflüstert.

„Was ist das denn für ein Spiel?", fragte Nim neugierig.

„Das wird jedes Jahr am Frühjahrsfest gespielt. Es gibt Teams, die sich verstecken, und einen Sucher. Wenn der Sucher jemanden gefunden hat, dann hat er einen Kugelfisch Zeit, den anderen aus dem Team zu finden, ansonsten darf sich der wieder neu verstecken. Die letzte Gruppe, die übrig bleibt, gewinnt", erklärte Mariella begeistert die Spielregeln.

Nim runzelte verwirrt die Stirn. „Einen Kugelfisch? Was bedeutet das denn?"

„So nennen wir den Zeitraum, in dem Kugelfisch Plop aufgeblasen bleiben kann. Zum Glück ist das gar nicht sooo lange, denn Theo, der Sucher, ist ein Schwertfisch, und die sind richtig schnell. Theo versucht jedes Jahr, seinen eigenen Rekord zu brechen und alle schneller zu finden als das Mal davor", ergänzte Mariella mit funkelnden Augen.

„Ach so, verstehe. Es ist also eine Mischung aus Verstecken und Fangen", sagte Nim.

„Ja, genau", nickte die kleine Meerjungfrau.

„Allerdings will sowieso keiner mit mir zusammen spielen!", murmelte Mariella geknickt, und ihr Lächeln verschwand. Traurig deutete sie auf ihre leuchtend pinkfarbenen Haare. „Die sind ja gar nicht zu übersehen, und Theo findet mich immer zuerst. Da ist es unmöglich, zu gewinnen."

Nim fand das ziemlich gemein. Nachdenklich knabberte sie an ihrer Unterlippe. „Darf denn jeder bei dem Spiel mitmachen?", wollte sie schließlich wissen.

„Ja, jedes Kind. Es müssen nur immer zwei in einer Gruppe sein", sagte Mariella.

Nim grinste. „Wie wäre es denn dann, wenn wir zusammen als Team antreten?"

Mit großen Augen schaute Mariella die kleine Nixe an. „Wirklich? Ist das dein Ernst?", fragte sie verblüfft.

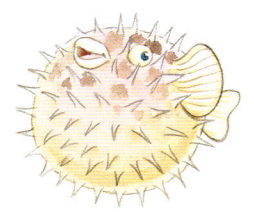
Nim fühlte, wie ihre Wangen vor Freude rot anliefen. Wie wunderbar, dass sie der Meerjungfrau nun auch bei etwas helfen konnte. „Natürlich. Ich liebe Versteckspiele! Deine Eltern können mich ja auch nach dem Spiel nach Hause bringen", sagte Nim.

„Dann beeilen wir uns lieber. Es fängt gleich an. Komm!" Und mit diesen Worten zog Mariella sie in Richtung des Spielfelds.

Auf dem Platz angekommen erkannte Nim, dass schon alle anderen Teams versammelt waren. Und sie entdeckte leider auch die beiden Jungen, die vorher so gemein zu ihr gewesen waren und nun schon wieder kichernd mit den Fingern auf sie zeigten.

„Lass dich von Malin und Flynn bloß nicht unterkriegen", flüsterte Mariella.

Nim spürte, wie sich eine wilde Entschlossenheit in ihrem Körper breitmachte. „Ha, na warte! Denen werden wir es zeigen!", dachte Nim entschlossen und schaute sich dann sogleich nach einem geeigneten Versteck um. Im rechten Teil des Platzes begann das Korallenriff, und ein weitläufiger grün-brauner Algenteppich grenzte daran an. Der Rest des Platzes war etwas offener, und es gab größere Felsen, Sanddünen und mehrere kleine Gesteinsbrocken.

Inzwischen hatten sich viele Zuschauer um das Spielfeld herum versammelt, und auch der Schwertfisch Theo schwamm nun in die Mitte des Platzes. „Jeder Mitspieler hat jetzt einen Kugelfisch lang Zeit, sich zu verstecken. Möge das beste Team gewinnen. Plop?" Er sah zu dem Kugelfisch rüber. „Auf geht's." Damit drehte Theo sich um, Plop blies sich auf, und die Fisch- und Meerkinder schwammen auf der Suche nach den besten Verstecken los.

Nim saß mit vor Aufregung zitternder Schwanzflosse zwischen den grünen Pflanzen der Algenwiese, als sie auch schon Theos Stimme hörte. „Tja, Mariella, hab ich dich. Tut mir leid, aber deine Haare sind einfach nicht zu übersehen."

Oje, er hatte Mariella also schon entdeckt. Nervös kniff Nim die Augen zusammen. Nun würde der Schwertfisch gezielt nach ihr suchen. Ihr Herz klopfte vor Anspannung wie verrückt, und es hörte sich in Nims Ohren furchtbar laut an. Bestimmt würde Theo sie aufgrund des starken Pochens gleich finden.

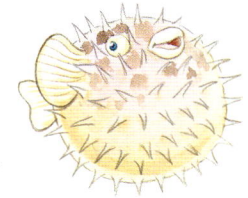

Doch die kleine Nixe war durch ihre Größe und Farbe so gut getarnt, dass Theo keine Chance hatte, bevor der Kugelfisch Plop das Stoppzeichen gab. Und so durfte sich Mariella neu verstecken.

Noch zweimal erwischte Theo Mariella und versuchte daraufhin erneut, Nim zu finden, bevor er es schließlich aufgab und die Suche nach den anderen Teams begann.

Bald hatte der Schwertfisch alle gefunden – nur Mariella und Nim sowie Malin und Flynn hielten sich noch versteckt.

Mucksmäuschenstill lag Nim in der Algenwiese und traute sich kaum zu atmen, damit ihr keine verräterischen Luftblasen entwischten.

Die kleine Nixe war so darauf konzentriert, dass sie vor Schreck richtig zusammenzuckte, als sie Mariellas Jubelrufe hörte.

„Juhuu! Nim, wir haben gewonnen! NIM, du kannst rauskommen!"

Als Nim das hörte, schoss sie mit einem breiten Grinsen aus ihrem Versteck hervor.

„Wirklich? Das ist ja super!", freute sich die kleine Nixe und schwamm Mariella lachend in die Arme.

„Danke, danke, danke! Du bist die Beste, ohne dich hätten wir nie gewonnen", sagte Mariella und drückte Nim ganz fest an sich.

„Dafür sind Freundinnen doch da", antwortete Nim lächelnd und folgte Mariella zur Siegerehrung.

Glücklich lächelnd betrachtete Nim wenig später die bunt schimmernde Muschelmedaille um ihren Hals.

„Versprichst du mir, dass du mich bald wieder besuchen kommst?", bat Mariella zum Abschied, nachdem sie ihren Eltern Nims missliche Lage berichtet hatte.

„Na klar, versprochen! Spätestens zum nächsten Frühjahrsfest. Wir müssen schließlich unseren Titel verteidigen", lachte Nim und zwinkerte ihrer neuen Freundin verschwörerisch zu.

Sina, die Meerjungfrau

Tief unten im Meer, weitab von jedem Land, wohnte die kleine Meerjungfrau Sina. Ihr Vater war ein mächtiger König, der mit seiner Tochter in einem prächtigen Palast wohnte. Der König war jedoch sehr traurig. Sinas Mutter, die schöne Lavanda, war vor vielen Jahren von einem Tag auf den anderen spurlos verschwunden. Sosehr man auch nach Lavanda suchte, sie blieb wie vom Meeresboden verschluckt. Niemand wusste, was mit Lavanda passiert war. Nicht eine einzige Schuppe von ihr war je wieder aufgetaucht.

Der König hatte sich von diesem Unglück niemals erholt. Oft saß er stundenlang auf seinem Thron, ohne sich zu rühren. Seine blicklosen Augen verrieten dann, dass ihn düstere Gedanken plagten. Bisweilen liefen ihm auch die Tränen über das Gesicht.

Allein Sina war sein Augenstern, denn die kleine Meerjungfrau hatte ein offenes und freundliches Wesen. Ihre engsten Freunde waren drei kleine bunte Fische: Piepsi, Platsch und Blub, mit denen sie gerne Verstecken spielte und sich die Zeit vertrieb. Wenn Sina traurig war, waren Piepsi, Platsch und Blub ihre vertrauensvollsten Zuhörer. Sina war oft traurig. Auch sie litt unter dem Verlust ihrer Mutter und konnte kaum mit ansehen, wie sich ihr Vater immer grämte. Eines Tages nun, als der König wieder einmal düster vor sich hin starrend auf seinem Thron saß, fasste Sina einen Entschluss.

„So geht es nicht mehr weiter. Ich kann es nicht mehr ertragen, wie mein Vater immer unglücklicher wird. Morgen schon werde ich das Schloss verlassen", erklärte sie ihren Freunden. „Ich werde mich auf den Weg machen und meine Mutter suchen."

Piepsi, Platsch und Blub wollten ihren Ohren nicht trauen. Sie baten sie zu bleiben, denn im weiten Meer warteten wilde Strömungen und unbekannte Gefahren. Doch Sina ließ sich durch nichts und niemanden abhalten.

„Wenn du wirklich gehen willst, Sina", sagte Piepsi schließlich, „dann werde ich mit dir gehen! Ich lasse dich niemals allein!"

„Wir kommen natürlich auch mit!", riefen Platsch und Blub.

Und so kam es, dass die Meerjungfrau mit ihren Freunden am frühen Morgen den schönen Palast verließ und ins offene Meer hinausschwamm. Doch je weiter sie schwammen, desto dunkler schien das Wasser um sie herum zu werden. Die Freunde begannen sich zu fürchten. An einem großen Felsen kam ihnen plötzlich ein großer Schwarm silberner Fische entgegen, die blitzschnell an ihnen vorbeizischten. Sina sah ihnen verwundert nach.

„Was hat das zu bedeuten?", fragte Platsch.

„Vielleicht sind sie auf der Flucht", überlegte Blub. „Hinter dem Felsen lauert vielleicht eine Gefahr!"

„Dann nichts wie weg! Ihnen nach!", rief Piepsi.

Doch da war es schon zu spät. Hinter dem Felsen kam ein riesiges Seeungeheuer hervorgekrochen. Es war modrig grün und hatte grässliche Reißzähne. Mit einem seiner vielen Fangarme griff es gierig nach Sina und schwamm mit ihr davon.

Außer sich vor Angst flohen die drei kleinen Fische zurück in den Palast. Dort erzählten sie, was geschehen war. Sofort rief der König seine Untertanen zusam-

men. Aus allen Winkeln kamen sie herbei, vom Seepferdchen bis zum zähnefletschenden Hai. Doch als sie von dem grässlichen Seeungeheuer hörten, sank ihnen der Mut. Selbst der mächtige Wal wollte nicht in den Kampf ziehen und die Prinzessin aus den Fängen des Ungeheuers befreien.

„Wir haben versprochen, Sina niemals alleinzulassen", sagte Piepsi zu seinen Freunden. „Wenn niemand ihr helfen will, müssen wir es eben tun."

„Du hast recht: Wir müssen sie befreien!", entschied auch Platsch, obwohl er vor Angst am ganzen Leib zitterte.

„Immerhin wissen wir, wo sich das Ungeheuer befindet!", rief Blub und schwamm los. Piepsi und Platsch folgten ihm. Als sie den Felsen erreicht hatten, versteckten sie sich in einem Spalt. Dort berieten sie, wie sie Sina befreien wollten.

„Ich werde hinschwimmen und die Lage erkunden", sagte Piepsi. „Wir müssen wissen, wo genau das Ungeheuer Sina gefangen hält."

Platsch und Blub nickten. Piepsi schwamm langsam auf den Felsvorsprung zu, hinter dem das Ungeheuer lauerte. Vorsichtig lugte er über den Rand. Vor ihm lag ein gesunkenes Segelschiff. Auf dem Schiff saß das Ungeheuer. Es spähte unruhig in alle Richtungen, um seine Beute zu bewachen. Piepsi gab seinen Freunden zu verstehen, dass sie ihm sicher bis zum Felsvorsprung folgen konnten. Dann schwamm er ganz dicht am Meeresgrund zum Segelschiff. Die Augen hielt er dabei halb geschlossen, denn das Monster war so fürchterlich, hätte er es länger angesehen, wäre er sicherlich umgekehrt.

Wie durch ein Wunder erreichte er unbemerkt das Schiff. Durch das Fenster schlüpfte er ins Innere und entdeckte Sina, die verängstigt in einer Ecke kauerte. Neben ihr saß eine zweite Meerjungfrau von atemberaubender Schönheit. Es war Lavanda. Auch sie war also vom Ungeheuer entführt worden! Kein Wunder, dass niemand sie in all den Jahren gefunden hatte!

Sina schrie vor Freude auf, als sie ihren Freund Piepsi entdeckte. Sofort schwamm sie auf ihn zu und rief: „Piepsi, mein lieber Piepsi!" Und zu ihrer Mutter gewandt sagte sie: „Wir sind gerettet, Mama! Denn meine Freunde sind gekommen."

„Draußen warten Platsch und Blub. Wir wollen euch befreien. Aber wir wissen nicht, wie wir es anstellen sollen!", erklärte Piepsi bekümmert. Da hörte er plötzlich ein unfassbares Gebrüll. Das Ungeheuer hatte ihn entdeckt!

Mit seinen langen Tentakeln versuchte das Monster, Piepsi zu fassen. Als das Ungeheuer Platsch und Blub sah, versuchte es, auch sie zu fangen. Immer wieder schossen seine Tentakel vor, um sie zu ergreifen. Platsch, Blub und Piepsi schwammen in wilder Panik hin und her. Ohne es zu merken, verknotete das Ungeheuer seine Arme immer mehr. Bald aber waren seine vielen Fangarme hoffnungslos um das Schiff geschlungen. Es hatte sich selbst gefesselt und brüllte ohnmächtig vor Wut. Schnell schwammen Sina und Lavanda davon. Die Freude war groß, als die Prinzessin und ihre Mutter wohlbehalten in den Palast zurückkamen. Den König aber hat man seitdem nie wieder traurig gesehen. Er regierte sein Reich noch viele Jahre fröhlich und gerecht.

Ingrid Kellner

Till und Nelli Melusine

Am Vormittag hatte es ein fürchterliches Unwetter gegeben. Der Regen war wie aus Kübeln vom Himmel gestürzt, begleitet von Blitz und Donner. Als Till mittags nach Hause kam, schwamm eine Nixe im Swimmingpool im Garten. „Hallo! Wie kommst du denn hierher?", fragte er. „Der Sturm hat mich hierhergeschwemmt", erklärte die Nixe. Till kannte sich mit Nixen nicht so aus. Diese da war klein und mickrig, deshalb fragte er: „Hast du Hunger, willst du was essen?" Die Nixe nickte: „Fisch", sagte sie. „Am liebsten frischen Fisch." Till konnte Fisch nicht ausstehen, aber er fand zwei Dosen Tomatenfisch. Die packte er auf ein Tablett, zusammen mit Cola, Chips und Erdnussbutter, und trug sie zum Swimmingpool. Dann futterten sie alles gemeinsam weg.

„Lecker", sagte die Nixe zufrieden und sah Till an. „Ich heiße Nelli Melusine, und du?"

„Klops", sagte Till. „Nein, Till. Aber alle sagen Klops zu mir."

„Till", sagte Nelli. „Till, schwimmst du jetzt ein bisschen mit mir?"

„Schwimmen mit vollem Magen ist ungesund", sagte Till. Das stimmt zwar, aber Till genierte sich, weil er so dick war. Er mochte auch nicht zugeben, dass er nicht gut schwimmen konnte. Inzwischen war Tills Mutter ebenfalls nach Hause gekommen.

„Reinkommen, Dickerchen, Essen ist fertig!", rief sie aus dem Küchenfenster.

„Hab keinen Hunger", schrie Till.

„Aber du musst doch was essen!" Besorgt blinzelte seine Mutter aus dem Küchenfenster. Aber sie sah Nelli Melusine nicht.

Abends kam Papa von der Arbeit. Er aß wenig und verschwand danach im Hobbykeller, wo er herumbrüllte, weil der Fußboden mit Wasser bedeckt war. Till hörte die Pumpe den ganzen Abend tuckern. Bevor er ins Bett ging, sah er heimlich nach der kleinen Nixe im Swimmingpool. „Alles in Ordnung?", fragte er.

„Ich hab einen ekligen Ausschlag gekriegt", sagte Nelli kläglich. „Der kommt sicher vom Chlor", meinte Till. Er schleppte Nelli Melusine ins Badezimmer. Die Nixe fühlte sich gar nicht glitschig an, nur nass. Ihre Schwanzschuppen waren weich und fühlten sich ein bisschen an wie Plastik. Till ließ Wasser in die Wanne laufen und schüttete ein Paket Meersalz hinein.

Jetzt fühlte sich Nelli besser. "Schlaf gut, Till", gähnte sie. Mitten in der Nacht hörte Till einen Schrei. Er kam aus dem Badezimmer. Mama saß schwer atmend auf der zugeklappten Toilette. Papa glotzte fassungslos in die Badewanne, dann grinste er: "Ein Wasserweibchen, oho!"

"Nix oho", schrie Mama. "Ruf sofort die Feuerwehr! So ein komischer Fisch gehört in den Zoo."

Nelli hatte mit verschränkten Armen zugehört. "Ich bin kein komischer Fisch", sagte sie. "Ich bin eine Nixe aus der Familie der Melusinen und gehöre ins Meer."

Jetzt fiel Till ein, dass er in den Ferien schon immer mal ans Mittelmeer wollte.

Mama rauschte wortlos ab. Papa fand, dass jetzt nicht die richtige Zeit für Ferienpläne sei, und ging ebenfalls ins Bett.

Ab da wurde alles anders. Till durfte Papa im Hobbykeller helfen, obwohl er angeblich zwei linke Hände besaß. Zusammen bastelten sie ein Transportaquarium für Nelli.

Mama machte sich Sorgen, weil Till nur noch die Hälfte aß, obwohl sie jeden Tag seine Lieblingspizza machte. Till hatte auch keine Zeit mehr für seinen Computer. Er saß lieber am Swimmingpool und las Nelli aus Büchern übers Mittelmeer vor. Sie guckten sich zusammen die Bilder von Fischen, Seesternen, Muscheln, Garnelen und Tintenfischen an. Endlich war die Schule aus, und die Ferien konnten beginnen. Till war genauso aufgeregt wie Nelli Melusine. Papa montierte das Transportaquarium in den Wohnwagen. Mama verstaute Proviantkörbe, Koffer und Konserven. Als sie über die Alpen fuhren, machten sie an einem Gebirgsbach halt. Nelli genoss das eiskalte Gletscherwasser. Sogar Till watete drin herum. Papa fing Forellen für die kleine Nixe und briet sie über offenem Feuer. Sie schmeckten gar nicht so übel, fand Till.

Endlich waren sie am Meer. Papa parkte den Wohnwagen auf einem Campingplatz. Am Strand gab es Sand, ein paar Palmen und jede Menge Liegestühle. Papa mietete einen kleinen für Nelli. Sie bekam eine Decke über ihren Fischschwanz gelegt, damit sich die Leute nicht aufregten. Genüsslich sog die kleine Nixe die salzige Luft ein und blickte sehnsüchtig aufs Meer. Als es dunkel und menschenleer geworden war, schleppte Till sie ans Ufer. Die Wellen rauschten unermüdlich. Weit draußen, zwischen Meer und Himmel, ging der Mond auf und bahnte mit seinem Licht einen funkelnden Weg für Nelli. „Wunderwunderbar", seufzte sie. „Komm mit, Till!"

Aber Till traute sich nicht. Das Meer war so schwarz. „Morgen", versprach er. „Morgen geh ich rein."

Am nächsten Tag starrte Till stundenlang aufs Meer, aber Nelli tauchte nicht wieder auf. Besorgt steckte Mama einen Schirm neben Till in den Sand, damit er keinen Sonnenstich bekam. Papa brachte Schwimmbrillen und Schnorchel für sich und Till. „Damit kannst du nach Nelli gucken", sagte er.

„Aber ich kann doch nicht gut schwimmen, Papa", erinnerte ihn Till. „Brauchst du auch nicht beim Tauchen", meinte Papa. „Wirklich?" Till wurde neugierig. Er setzte die Brille auf, steckte den Schnorchel in den Mund und marschierte mit

seinem Vater bis zum Bauch ins Meer. Dann guckte er ins Wasser und blickte in eine andere Welt: Große und kleine Muscheln lagen auf dem gewellten Sandboden, über den helle Sonnenflecken tanzten. Fischchen flitzten hin und her. Eine Garnele, die aussah wie eine durchsichtige Heuschrecke, huschte vorbei. Da waren auch Papas große Zehen. Gerade trat er auf etwas, das schwarze Farbwolken ausstieß. Till schubste Papa weg. Da schoss ein kleiner Tintenfisch empört davon. Papa zog den Kopf aus dem Wasser.

„Verzeihung!", sagte er und lachte.

Bald traute sich Till alleine ins Meer. Er legte sich einfach mit dem Bauch aufs Wasser. Lässig paddelte er herum. Nur von den dunklen Tangwiesen unter Wasser hielt er sich fern. Vielleicht hielt sich dort ein großer, gefährlicher Krake versteckt. Inzwischen kochte Mama immer weniger. Sie ging öfters bummeln und kaufte sich was Hübsches, ein Kleid, dazu Schuhe und eine süße Handtasche. Papa pfiff: „Oho!" Da wurde Mama rot und freute sich. Die beiden fingen an, Hand in Hand zu gehen. Till genierte sich ein bisschen, als er das sah.

Einmal kam seine Mutter mit einer Unterwasserkamera vom Einkaufen zurück. „Damit du Bilder machen kannst, Till", sagte sie. „Zur Erinnerung."

Till ging mit der Kamera sofort ins Meer. Die Wellen schwemmten ihn in die Nähe der tief gelegenen Tangwiese. Inmitten der dunklen, hin und her schwappenden Unterwassergräser schimmerte etwas Rotgoldenes. Was war das, ein Schatz? Bewacht von dem riesigen, grauenhaften Kraken? „Quatsch!", dachte Till und schob seine Angst weg. Er holte tief Luft, schoss kopfüber hinunter und griff nach dem roten Gold.

„He", sagte Nelli. „Lass meine Haare los!" Nelli! Till schluckte Wasser und musste schnell nach oben. Er riss sich die Brille vom Gesicht, spuckte den Schnorchel aus und hustete. Nelli tauchte neben ihm auf, klopfte ihm auf den Rücken und lachte. Dann schwammen sie gemeinsam zu einem Felsen in der Nähe. Ja, Till konnte inzwischen ganz gut schwimmen. Er hatte es in der Aufregung nur gar nicht gemerkt.

„Warum warst du so lange fort?", fragte er Nelli, als sie neben ihm auf dem Felsen saß.

Nelli erklärte ihm, dass sie ihre mittelmeerischen Melusinen-Cousinen getroffen hatte. Die hatten sich alle ganz doll gefreut, getanzt und gelacht. Dabei hatte die kleine Nixe die Zeit vergessen. Ihre Kusinen hatten sie schön gemacht. Sie hatten Nelli einen goldenen Muschelgürtel umgebunden, ihr eine Kette um den Hals gelegt und Perlen an die Ohren gesteckt. Zum Schluss hatten sie ihre Haare korallenrot gefärbt. „Wie gefalle ich dir?", fragte Nelli. Sie gefiel Till unglaublich gut. Nach den Ferien nahm Till seine Unterwasserfotos mit in seine Klasse. „Zeig mal her, Klops!", riefen seine Mitschüler.

Aber Nelli war nie ganz drauf. Entweder nur ihr Fischschwanz oder ihr liebes Gesicht mit den korallenroten Haaren. Aber am meisten wunderten sich seine Mitschüler darüber, dass Till abgenommen hatte und ganz normal aussah. ‚Klops' passte nicht mehr. Sie nannten ihn jetzt Till, Till mit dem Unterwassertick.

Marliese Arold

Eine Wassernixe namens Annabella

Philipp ist ein kleiner neugieriger Frosch. Der See, in dem er wohnt,
gefällt ihm. Es gibt so viel zu entdecken! Man kann bis zum Grund tauchen oder
auf einem Seerosenblatt sitzen und den Libellen zuschauen. Es gibt hier auch
Molche und sogar eine alte Wasserschildkröte.

Am See wird es langsam ruhiger. Die anderen kleinen Frösche gehen schlafen,
nur Philipp ist noch hellwach.

„Jetzt wird es aber auch Zeit für dich", mahnt Papa Frosch.

„Ach, Papa, lass mich doch heute beim Froschkonzert dabei sein", bettelt Philipp.
Der alte Frosch schüttelt den Kopf. „Dafür bist du noch zu klein", sagt er.

„Stimmt gar nicht. Ich bin schon groß, und ich kann fast so gut quaken wie du",
behauptet Philipp.

Papa Frosch muss ein bisschen schmunzeln. „Na gut, dann komm mit", sagt er.
„Du darfst heute dabei sein. Ausnahmsweise!"

Philipp ist ganz aufgeregt. Als die Sonne untergeht, versammeln sich die großen
Frösche am See. Einige sitzen am Ufer, die meisten aber auf Seerosenblättern.

„Hallo, heute möchte ich euch meinen Sohn Philipp vorstellen", verkündet Papa
Frosch. „Er will gerne bei unserem Abendkonzert mitmachen."

„Quak, quak, dann soll er erst einmal zeigen, dass er so gut quaken kann wie wir",
sagt ein dicker Frosch, der rechts neben Papa Frosch auf einem Seerosenblatt
sitzt.

Alle Froschaugen richten sich auf Philipp. Der wird ganz verlegen.

„Klar kann ich quaken", ruft er. „Ich zeige es euch." Er holt tief Luft, um sein
lautestes „Quak" loszulassen. Aber es kommt nur ein jämmerlich leises „Quäk"
heraus, das kaum zu hören ist.

Die ersten Frösche fangen an zu lachen. Philipp versucht es noch einmal. Wieder
hört man nur ein leises „Quäk".

„Das soll Froschgequake sein? Haha!" Der Frosch neben Papa lacht dröhnend. „Philipp soll erst einmal zu Hause ordentlich üben. Wie würde sich unser Konzert denn anhören, wenn lauter solche Babyfrösche mitmachen dürften?"

Philipp schämt sich. Er macht einen Kopfsprung von seinem Seerosenblatt und taucht tief unter Wasser. Wie peinlich! Hätte er doch bloß nie verlangt, beim Konzert mitmachen zu dürfen! Er schließt die Augen, als könnte er so alles unge-schehen machen.

„Hallo, du!" Jemand tippt ihn an. „Was ist mit dir los? Hast du Kummer?" Es ist ein ganz zartes Stimmchen.

Philipp macht die Augen wieder auf. Vor ihm schwimmt eine winzige Nixe. Sie hat einen blaugrün schillernden Fischschwanz und grüne Haare wie Algen.

„Wer bist du denn?", fragt Philipp neugierig.

„Ich bin Annabella und wohne in den Wurzeln der alten Weide", antwortet die Nixe. „Und wie heißt du?"

„Ich bin Philipp", sagt der kleine Frosch.

„Und warum bist du so traurig?", fragt Annabella.

Philipp seufzt und erzählt, was passiert ist. „Ich kann nicht so laut quaken wie die anderen", sagt er. „Vielleicht werde ich das nie können. Und dann lassen sie mich nie beim Abendkonzert mitmachen."

„Ach, Unsinn!", sagt Annabella. „Du musst dich nur noch eine Weile gedulden, dann bist du groß genug, und das Quaken kommt von allein." Sie stupst Philipp übermütig an. „Was ist, wollen wir zusammen spielen?"

Eigentlich hat Philipp keine richtige Lust, aber eine Wassernixe trifft man schließlich nicht jeden Tag.

„Fang mich!", ruft da Annabella schon und schwimmt davon. Philipp schwimmt hinterher. Wie gut, dass er so lange Froschbeine hat! Mit denen kann er genauso gut schwimmen wie Annabella.

Bald hat er die kleine Nixe eingeholt und greift nach ihren grünen Haaren. „Hab dich!", ruft er fröhlich.

„Aua!", quietscht Annabella.

Philipp lässt erschrocken ihre Haare los. „Tut mir leid", entschuldigt er sich. Er hatte Annabella nicht wehtun wollen.

„Schon gut", sagt Annabella. Zum Glück scheint sie nicht böse zu sein. „Jetzt fang ich dich! Schwimm los!"

Philipp schwimmt davon, aber Annabella ist dicht hinter ihm. Sie packt seine Beine und kitzelt ihn an den Fußsohlen.

Beide müssen furchtbar lachen.

„Ich kann nicht mehr", japst Philipp.

Sie tauchen auf und ruhen sich auf einem Seerosenblatt aus. Das Blatt ist gerade groß genug für zwei. Inzwischen ist die Sonne ganz untergegangen, und am Himmel funkeln die Sterne.

Annabella liegt auf dem Rücken und schaut in den Himmel. „Ist das nicht wunderschön?", fragt sie. „Die vielen, vielen Sterne!"

„Ja", sagt Philipp. Es ist sogar wunderwunderschön, neben Annabella zu sitzen und sanft auf dem Wasser zu schaukeln.

Am anderen Ufer findet das Froschkonzert statt. Philipp erkennt genau die Stimme seines Vaters, der trifft nie richtig den Ton und hinkt im Tempo auch etwas hinterher. Philipp muss grinsen. Jetzt ist er gar nicht mehr traurig, dass er nicht

beim Konzert mitmachen darf. Es ist viel besser, dass er Annabella getroffen hat!

„Weißt du was?", flüstert Annabella. „Ich bin ein bisschen müde." Sie schlingt die Arme um Philipp und schmiegt sich an ihn. „Darf ich bei dir bleiben und auf dem Seerosenblatt schlafen?"

„Klar darfst du das", sagt Philipp glücklich. „Das Seerosenblatt gehört dir ja genauso wie mir. Und es ist genug Platz für uns beide."

Er merkt, dass auch er sehr müde ist, und schließt die Augen.

„Sind wir jetzt Freunde?", fragt Annabella leise. „Für immer?"

„Für immer", antwortet Philipp. Und während er noch überlegt, was sie am nächsten Tag alles zusammen machen können, kommt ganz still und heimlich der Schlaf über ihn … Philipp beginnt zu träumen. Von Unterwasserjagden, Seerosen-Weitspringen und Purzelbäumen im Wasser. Und von Annabella …

Barbara Peters

Meerhexe Marja und die Hammerhaie

Plingering-ging-ging. Klingerang-gang-gang. Ping-klang, pang-klang, kling-klang-klang. Die Muschelteller springen aus den Korallenschränken und tanzen im Sand vor der kleinen Meerhexe einen wilden Wassertango. Fischmesser und Krabbenlöffel schlagen klingend auf Tassen und Zuckerdosen.

Meerhexe Marja schluckt. Was ist denn jetzt passiert? Hat sie etwa einen falschen Zauberspruch verwendet? Sie schaut verwirrt ins Meerhexenbuch. Da steht:

„Tassen, Teller, Zuckerdosen,
all ihr kleinen, all ihr großen,
kommt heraus und deckt den Tisch.
Hokus, pokus, wusch, wasch, wisch!"

Stimmt. Das ist der richtige Zauberspruch, um den Frühstückstisch zu decken. Was ist bloß schiefgelaufen?

„Super, Marja! Tolle Musik!", krakeelt der Hummer Haini, Marjas bester Freund. Er hüpft begeistert zwischen den tanzenden Tellern vor der Meerhexe auf und ab. Plötzlich bleibt er stehen.

„Aber – ein gedeckter Frühstückstisch ist das nicht! Marja, ich glaube, du hast dich wieder verhext!", sagt er. Seine Schere klopft tröstend auf Marjas Hand.

Marja seufzt enttäuscht. Hexen ist so furchtbar schwierig! Ständig geht dabei irgendetwas daneben.

„Ich probier es noch einmal", sagt die kleine Meerhexe und hebt ihren Muschelzauberstab. Als plötzlich …

RUMMS! KRACHERACH! PENGÄRÄNG! PENG! KNALL!

Haini springt mit einem Satz in Marjas Arme.

„Hilfe!", ruft er. „Das ist auch kein Frühstück! Das ist Krach!"

Marja drückt den ängstlichen Hummer fest an ihre Brust. Zitternd schaut sie sich um. „Das verstehe ich nicht", sagt sie. „Ich habe doch noch gar nicht gehext!"

Woher kommt denn dieser furchtbare Lärm?

Sie lauscht ängstlich.

PÄNGERÄNG KRACHACH! RUMSKNALLERBUMS!

Der Lärm kommt von draußen. Und er klingt extrem gefährlich!

Marja nimmt all ihren Mut zusammen und lugt aus dem Fenster. Gegenüber liegt der Fischkindergarten *Perlmuttmuschel*.

„Huch!", keucht Haini und schaut über Marjas Schulter. „Wo sind die denn alle?"

Tatsächlich, die Gartensandbank vor dem Fischkindergarten liegt still in der Strömung.

Normalerweise ist dort jede Menge los. Zwischen Seeanemonen und Korallensträuchern verstecken sich sonst Leuchtfischbabys und Seepferdchen. Fröhliche Krebskinder und kleine Krabben bauen im weißen Sand Tunnel und Höhlen. Und die Muscheljungen und Schildkrötenmädchen verkleiden sich oft mit Algenkostümen und sind dann Piraten oder Meerprinzessinnen.

Heute aber ist niemand zu sehen. Kein einziges Krebsbaby und kein Fischkind. Nur eine dicke Erzieherkrake steht vor der Haustür.

RUMMSKNALLERBUMMS! KRACHERACH-PENG-PENG! KNALLPENG-DOING-DOING-DOING!

Der unheimliche Krach kommt immer näher. Der Sandboden unter Marja zittert, und gurgelnde Wellen umspülen ihren Fischschwanz. Gruselig ist das.

„Ich – ich schwimm mal rüber und frag, wo die alle sind", sagt Marja. Ihre Knie sind wabblig-weich wie Algenpudding. Der Krach ist so gruselig, dass sie viel lieber bei Haini zu Hause bleiben würde.

„Bitte, komm schnell wieder!", bettelt der Hummer. „Ich fürchte mich so."

„Hab keine Angst", tröstet Marja ihren Freund. „Ich beeile mich!"

Sie saust so schnell sie kann hinüber zum Kindergarten.

„Wo sind denn alle?", fragt sie die dicke Erzieherkrake. Diese zeigt mit einem Tentakel zu den Kindergartenfenstern. Dahinter wimmelt und flimmert es silbrig. „Drinnen", erklärt die Krake aufgeregt. „Wir haben sie versteckt. Damit sie nicht gefressen werden! – Ich schau grade nach, ob auch wirklich keiner mehr draußen ist."

Marja schluckt. Gefressen? Wer will die süßen Fischkinder bloß fressen? Die Krake, die gerade wieder im Kindergarten verschwinden will, schaut nervös durch den Türspalt.

„Du musst dich auch verstecken!", sagt sie mit Panik in der Stimme. „Willst du reinkommen? Sie fressen nämlich alles! Auch Meerhexen!"

Oh nein! Marja will nicht gefressen werden. Auf gar keinen Fall. Aber wenn sie sich im Kindergarten versteckt, was ist dann mit Haini? Marja kann ihren besten Freund doch nicht ganz allein lassen. Auf keinen Fall!

Als die kleine Meerhexe den Kopf schüttelt, schlägt die Krake die Tür zu. Marja kann nicht einmal mehr fragen ‚Wer will uns denn fressen?'.

Der unheimliche Krach kommt immer näher. Marja will nur noch nach Hause. Eilig schwimmt sie los. Plötzlich sieht sie sie – DIE HAIE!

„Hilfe!", keucht die Meerhexe und schlüpft flink in ihre Grotte, in der Haini schon ungeduldig auf sie wartet.

Vier riesige Hammerhaie schwimmen durch das Korallenriff direkt auf den Fischkindergarten zu. Sie schwingen ihre mächtigen Hämmer und donnern sie dröhnend links und rechts an die Felsen. Korallenzweige zerbröseln unter den Schlägen. Große und kleine Fische, Krebse, Krabben, Muscheln und Schnecken fliehen vor der Viererbande in alle Richtungen.

„Jag sie weg, die Ungeheuer", wimmert Haini und schmiegt sich an Marja. „Bitte, bitte! Verbuddel sie, verhau sie, ver… ver… verschwinde sie!" Vor Angst kann der kleine Hummer nicht mehr richtig sprechen.

„Ich soll die Hammerhaie verschwinden lassen? Wie denn?", fragt Marja verzweifelt.

„Ich weiß nicht!" Haini seufzt. „Du bist doch die Meerhexe! Kannst du sie nicht einfach verzaubern?"

„Verzaubern?" Marjas Stimme zittert vor Angst. „Du weißt doch, dass ich ständig danebenhexe. Ich kann es einfach noch nicht richtig. Ich …"

„Vielleicht steht ja was im Meerhexenbuch?", überlegt der kleine Hummer. „Schau mal nach! Du schaffst das bestimmt!"

Und während es draußen vor der Grotte krawummst und pengerängt, dass die Wände nur so wackeln, blättert Marja mit klopfendem Herzen in dem alten Buch. Sie findet Wind- und Wellenzaubersprüche, Schlamm- und Algensprüche, haufenweise Musikmagie und – einen echten VERSTEINERUNGSZAUBER:

> „Pottwalpopel, Quallenrest,
> sei wie Stein so hart und fest,
> hokus, pokus, Algenmatsch,
> pokus, hokus, Krabbenquatsch."

Der Spruch könnte passen. Jetzt darf Marja sich nur nicht verhexen. Wenn sie daran denkt, was dann passiert, wächst die Angst in ihrem Bauch zu einem dicken, kalten Klumpen.

Barbara Peters

Die kleine Meerhexe muss sich beeilen! Der schreckliche Lärm wird immer lauter. Die gefährlichen Hammerhaie kommen näher und näher. Wenn Marja nichts unternimmt, fressen die Hammerhaie bestimmt bald die ersten Fische.

„Okay, Haini", wispert Marja. „Ich schwimm jetzt raus. Bis bald – hoffentlich!"

Sie packt ihren Muschelhexenstab und schwimmt vor das Haus. Hinter ihr gurgelt und blubbert der kleine Hummer voller Angst. Und vor ihr – sind sie: die HAMMERHAIE! Sie scheinen jede Menge Spaß zu haben. Donnernd schlagen sie ihre Köpfe gegen ein verrostetes Schiffswrack, dass es nur so dröhnt und kracht. Und bei jedem Knall und Rums grinsen sie begeistert.

Zitternd vor Angst hebt Marja ihren Hexenstab und ruft so laut sie kann:

> „Pottwalpopel, Quallenrest,
> sei kein Stein so hart und fest,
> hokus, pokus, Algenmatsch,
> pokus, hokus, Krabbenquatsch."

Kaum hat die kleine Meerhexe den Zauberspruch gesagt, erstarrt sie vor Schreck.
OH NEIN! Das war der falsche Spruch! Sie hat sich versprochen! HILFE! HILFE!

Sie hat es vermasselt! Die Hammerhaie werden sie fressen! Jetzt ist alles vorbei! Marja presst beide Hände vors Gesicht und wartet starr vor Angst. Noch nie hat sie sich so gefürchtet. Gleich werden spitze Zähne sie packen und … Sie wartet und wartet – aber nichts passiert.

Vorsichtig blinzelt sie zwischen den Fingern hindurch. WAS IST DAS DENN? Etwas Seltsames ist mit den vier Haien geschehen. Lang und länger sind ihre Hämmer geworden. Dünn und immer dünner und total schlabbrig. Wild schwingen die Haie ihre Köpfe und dabei beginnen die Hämmer sich um Korallenäste und Felsvorsprünge zu wickeln. Der größte Hai hat sich mit seinem schlangenartigen Hammer sogar um den Schornstein des rostigen Wracks geknotet.

„Wow! Wie cool!", flüstert Marja und hält den Atem an. Sie kann es kaum glauben. Obwohl sie sich verzaubert hat, hat sie die Haie besiegt! Die vier sind gefesselt, und es ist auf einmal würmchenstill. Nur das Plätschern und Gurgeln der Strömung, das Blubbern der Luftbläschen, die aus den Korallen aufsteigen, und – leises Wimmern ist zu hören. Wer wimmert denn da?

Es sind die Hammerhaie, die Marja mit traurigen Augen anstarren.

„Hilfe!", jammern sie. „Warum hast du uns verzaubert? Wir haben dir doch gar nichts getan. Hilfe!"

„Ich habe euch verzaubert, damit ihr uns nicht fresst!", sagt Marja, und ihre Stimme bebt.

„Fressen?", fragt der größte Hammerhai und ruckelt vergeblich an seinem langen Gummihammer, der fest an dem rostigen Schiffsschornstein hängt. „Igitt! Wir wollen doch niemanden fressen!"

„Nicht?", fragt die kleine Meerhexe verblüfft. „Aber was wollt ihr denn dann?"

„Krach machen!", ruft der zweite Hammerhai begeistert.

„Jawoll!", schreit der dritte Hai. „Krawummsen und pengerängen! Das wollen wir."

„Genau", sagt der vierte Hai. „Krachmachen macht nämlich Spaß!"

„Bitte", bettelt der größte Hai. „Bitte, lass uns wieder frei!"

Die Haie freilassen? Und wenn sie dann jemanden fressen? Die Haie haben freundliche Augen. Sie sehen irgendwie – lieb aus. Marja beschließt, den vieren zu vertrauen. Das bedeutet allerdings, dass sie noch einmal hexen muss. Und wenn sie sich dann wieder verhext, wäre das – superoberpeinlich. Marja wird

grün, was bei Meerhexen dasselbe ist wie bei den Menschen das Erröten, und murmelt: „Ich versuch's mal, okay? Hoffentlich klappt es diesmal." Und dann schwingt sie ihren Muschelhexenstab und ruft:

„Krabbenwurm und Muschelbrei,
Hexenzauber sei vorbei!"

Sofort ziehen sich die langen, dünnen Hämmer der Haie zusammen wie gespannte Gummibänder, die plötzlich losgelassen werden. Rasend schnell wickeln sie sich vom Schiffsschornstein, den Korallenästen und den Felsvorsprüngen ab und schnurren – Rrrrrrrsch! – zu ganz normalen Hammerhaihämmern zusammen. Die Haie schwenken strahlend die Köpfe.
„Danke!", rufen sie im Chor. „Du bist eine großartige Meerhexe!"
„Na ja", sagt Marja bescheiden. „Richtig großartig bin ich nicht. Dafür verhexe ich mich einfach noch zu oft."
Hinter Marja blubbert und tuschelt es. Die ersten Fischkinder schwimmen mutig mit ihren Erzieherkraken aus dem Kindergarten. Vorsichtig nähern sie sich den riesigen Hammerhaien, die auf einmal so ruhig sind. Ein besonders kühnes kleines Krabbenbaby hüpft neugierig auf Marjas Schulter und bestaunt die fremden Besucher. Sogar Haini traut sich vors Haus. Eilig schwimmt er zu seiner besten Freundin und schmiegt sich an ihre Seite.
Der größte Hammerhai sagt zu Marja: „Wir sind so froh, dass wir wieder frei sind! Vor Freude würden wir gerne ein bisschen Krach machen. Dürfen wir? Vielleicht einen Tusch für die beste Meerhexe des Ozeans?"
Haini jubelt: „Ja! Ein Tusch! Lasst uns gemeinsam Musik machen! Das kann Marja nämlich ganz besonders gut. Sie hext, dass der Frühstückstisch gedeckt werden soll, und dann machen die Tassen und Teller Musik!"

Wenig später tanzen Erzieherkraken, Leuchtfischbabys und Seepferdchen, Muscheljungen und Schildkrötenmädchen, Krebskinder und kleine Krabben ausgelassen auf der Gartensandbank vor dem Fischkindergarten zu den Klängen einer ganz besonderen Band.

Die vier Haie sind geniale Schlagzeuger. Sie bearbeiten alte Kanister und Töpfe mit ihren Hämmern in einem mitreißenden Rhythmus. Dazu lässt Marja Tassen, Teller, Dosen, Fischmesser, Krabbenlöffel und Korallengabeln musizieren. Aus allen Ecken und Winkeln des Ozeans tauchen die Meeresbewohner auf und lauschen den fröhlichen Klängen. Die größte Überraschung aber ist Haini. Der kleine Hummer bläst Marja zu Ehren wunderbare Wassermelodien auf der Muscheltrompete.

Marja schüttelt den Kopf. „Und wir dachten, die Hammerhaie wollen uns fressen!", kichert sie. Und dann stürzt sie sich übermütig in das Getümmel der tanzenden Meeresbewohner.

Quellenverzeichnis

Wir danken nachstehenden AutorInnen und Verlagen für die freundlich erteilte Abdruckerlaubnis:

Abedi, Isabel Die Meerjungfrau der Bella Isabella, aus: Kleine Piratengeschichten zum Vorlesen, ©Ellermann im Dressler Verlag, Hamburg 2005 ISBN 978-3-7707-2105-4

Arold, Marliese Eine Wassernixe namens Annabella, aus: dies., Drei – Fünf – Acht Minutengeschichten zur guten Nacht, ©Ellermann im Dressler Verlag, Hamburg 2015 (ISBN 978-3-7707-2117-7)

Geisler, Dagmar Auch Feuergeister müssen sich waschen, ©2010 by Dagmar Geisler

Grimm, Sandra Können Nixen wirklich nix?, aus: Kleine Delfin-Geschichten zum Vorlesen, ©Ellermann im Dressler Verlag, Hamburg 2006 ISBN 978-3-7707-2641-7

Herzhoff, Sarah Die große Reise, aus: dies., Leselöwen – Delfingeschichten illustriert von Julia Ginsbach, ©2009 Loewe Verlag GmbH, Bindlach

Kamlah, Klara Ein Abenteuer für Nixe Nim, ©Rechte bei der Autorin

Kellner, Ingrid Eine Freundin für Sissi Seesternchen, aus: dies., Sissi Seesternchen, ©2003 Ravensburger Buchverlag Otto Maier GmbH, Ravensburg

Kellner, Ingrid Till und Nelli Melusine, ©Rechte bei der Autorin

von Klitzing, Maren Eine Meerjungfrau im Schwimmbad, aus: Zauberhafte Vorlesegeschichten, ©Ellermann im Dressler Verlag, Hamburg 2014 ISBN 978-3-7707-2921-0

Peters, Barbara Meerhexe Marja und die Hammerhaie, ©Rechte bei der Autorin

Preußler, Otfried Schwimmhäute haben sie auch nicht!, aus: ders., Der kleine Wassermann, ©1956 Thienemann in der Thienemann-Esslinger Verlag GmbH, Stuttgart

Reider, Katja Schlauchboot in Seenot/Jan bringt sich in Gefahr, aus: Komm zurück, kleine Meerjungfrau! Illustriert von Birgit Brandt, ©2004 Loewe Verlag GmbH, Bindlach

Sommer, Karla Sina, die Meerjungfrau, ©Schwager & Steinlein Verlag, Köln, aus: Die schönsten Prinzessinnengeschichten, Geschichten von Karla Sommer

von Vogel, Maja Schokoladeneis für eine Nixe, aus: dies., Kleine Nixe Nora, ©2011 arsEdition GmbH, München